经营型HRD

人力资源总监7件事

黄渊明 著

HRD

北京日报出版社

图书在版编目（CIP）数据

经营型HRD：人力资源总监7件事 / 黄渊明著. --
北京：北京日报出版社，2019.12
ISBN 978-7-5477-3573-2

Ⅰ.①经… Ⅱ.①黄… Ⅲ.①企业管理—人力资源管理 Ⅳ.①F272.92

中国版本图书馆CIP数据核字（2019）第260384号

经营型HRD：人力资源总监7件事

出版发行：北京日报出版社
地　　址：北京市东城区东单三条8-16号东方广场东配楼四层
邮　　编：100005
电　　话：发行部：（010）65255876
总编室：（010）65252135
印　　刷：河北宝昌佳彩印刷有限公司
经　　销：各地新华书店
版　　次：2019年12月第1版
2019年12月第1次印刷
开　　本：710毫米×1000毫米　1/16
印　　张：15
字　　数：163千字
定　　价：75.00元

导读

本书延续了HR高管系列第一本《新任HR高管如何从0到1》的内容，根据企业HR高管林枫的职场经历，总结分析了企业HR高管如何实现“从1到N”职业成功跃迁的经验、心得。书中高屋建瓴地剖析了HR高管应抓好7件关键事情，具有通过理性的力量，系统性、深层次地帮助企业构建持续发展的组织能力促进企业经营目标的达成。

第一章介绍了HR高管度过了从0到1阶段后，从1到N阶段将面临哪些高阶挑战，以及为了克服这些挑战，HR高管要做好的7件事，并简要地介绍了这7件事，给读者呈现一张全景视图。

第二章讲述了HR高管要做的第一件事，就是促进企业经营目标达成。HR高管要以帮助业务员达成目标为出发点，关注人力投入的产出，并使自己成为“综合业务专家”；这里提到S－GAPS模型，需要特别注意学习与应用；HR高管还要抓好企业经营落地的全过程管理，并通过设立HR战略专题，保证组织中长期目标的达成。

第三章讲述了HR高管要做的第二件事，为组织构建面对未来的能力。介绍了如何从组织能力角度思考企业经营与人才的问题，和提升组织面对未来能力的若干举措，比如做好组织协同，设立组织管理、干部管理部门或模块，促进资源的重组与流动，建设与发展合伙人机制，采用战队式管理，建设韧性型组织与生态型组织等。

第四章讲述了HR高管要做的第三件事——如何帮助CEO做好组织内部治理。强调管理机制、规则对企业管理的重要性，要保持组织的理性治理精神；书中关于“清除组织血栓”，对利益相关方的掌控，帮助CEO发展“战略定力”，建立企业管理优势的“屋子理论”等内容都颇有创新性。

第五章讲述了HR高管要做的第四件事，即有效赋能企业管理者。书中从正反方面列举了很多管理者案例，说明了HR高管应该如何引导管理者通过正确的方式来管理员工，提升员工的积极性与绩效。书中“领导是一切的中心与源头”“让下属实现自我领导，才是领导力的体现”“领导对下属的付出，是性价比很高的事情”等都值得认真品读。

第六章讲述了HR高管要做的第五件事，持续激活团队与个体。文章里面提到HR高管要基于让员工绽放，而非控制员工的出发点来制定公司的各项政策。同时，HR高管要做好知识管理，打造赋能平台，还要促进新老干部的融合与合作，善待“有意义的失败”，创造不同场景考察与发展干部。

第七章讲述了HR高管要做的第六件事，持续抓好文化建设。书中提出“企业文化不聚则散，要常抓不懈”的观点，并举出了诸多企业发展过程中影响企业文化的典型的正面和负面的例子，从多个角度诠释了企业文化建设是个系统工作，需要在不同的场景、细节中进行丰富、发展。

第八章讲述了HR高管要做的第七件事，修炼卓越的领导力。这里创新性地提出了HR高管要做“战略引领+解决问题型”的领导，在实际工作过程中采用谨慎、理性的方式达到工作目标，要具备“还原与回到现场的能力”，善用组织决策、集体决策的力量。最后描述了 HR 高管享受成功的感觉的情形，并展望了 HR 高管不断跨越角色临界点，进入经营者的角色，从 CEO 的视角来看待与处理事情的未来，这是 HR 高管的更高一层境界。

本书不仅谈心得、经验，还谈战略性思维格局、专业方法与技能，融合了很多实战性极强的 HR 解决方案。本书延续了 HR 高管系列第一本《新任 HR 高管如何从 0 到 1》的实战风格，其中的素材均来源于笔者真实的工作经历，相信能够带给读者身临其境的阅读体验，开阔视野、启发思路，让人读来有醍醐灌顶、拍案叫绝之感。

本书目标读者为：HR 高管（HRD、CHO、HRVP 等）和企业其他岗位的高管（如 CEO、COO、CFO、CTO 等）。

序言

用理性的力量改变组织

笔者经历过企业 HR 高管从 0 到 1 的过程之后，很快进入一个新的阶段——从 1 到 N 的阶段。这个“N”能达到多少，是由组织的实际情况以及 HR 高管自身的努力程度决定的。

从 1 到 N 的过程中，笔者发现，能推动组织发展的最坚实、最持续的力量还是理性的力量。

这种理性的力量，是企业逐年逐月、一点一滴地沉淀下来的，是企业高明的管理智慧与深厚的经验的结晶；它是独特的，是不可复制的，并难以被其他企业超越的。

这种理性的力量具体是什么？其实就是制度、机制、流程、规则，以及标准化的工具、方法，还有 IT 系统等。从一种层面上说，它是脱离于人的，不依赖于人的。当一个组织成为一个不依赖于人的组织，它就获得了自己的生命。也就是说，它是可以掌握自己的方向和命运的。

这种理性的力量，是组织长久沉淀下来的合力的结果，非个体能够左右，它发展到一定程度，甚至连企业一把手也难以左右其发展与演变。这种理性的力量就是成功管理的力量，也是职业化、规范化管理的力量，它符合自然与人类社会发展的规律，是一种由历史牵引出未来的力量。正如华为创始人任正非所说：“成功的管理就是企业脱离了对人才、技术、资金的依赖，从必然王国走向自由王国。”

HR 高管从 1 到 N 的阶段，就是步入组织改变与发展的“深水区”的阶段，这时候 HR 高管面临着如何在深层次影响、改变企业的问题。这个阶段，企业 CEO 需要 HR 高管的支撑，不仅仅是 HR 服务那么简单，还希望 HR 高管能够帮助他进行企业发展战略的穿透、组织的重构、干部的“换脑”、文化的引领、价值观的传承，还有组织的治理、组织与个体的持续激活等。借用马斯洛关于个体的需求层次论，企业 CEO 也是有其需求层次的，这个阶段 HR 高管要满足 CEO 的高阶段的需求层次——组织的“自我价值实现”需求。

这个阶段是最接近企业家“初心”的阶段，它深刻地考验 HR 高管的远见、智慧和决心，并要求他对业务有着深刻的穿透力，很强的驾驭力，以及掌控企业的复杂局势，帮助企业穿越“雷区”的能力。HR 高管面临着理性与情感的“伟大的挣扎”，并懂得进行“灰度决策”。企业 CEO 从心底呼唤 HR 高管能够站出来，从组织的角度把企业内部的力量“串联”、整合起来，在促进企业经营管理方面发挥更大的作用。

HR 高管要给组织施加的作用力，是一种隐性的非显在的综合力量，但却是持久、深厚的，是作用于组织“冰山”之下的，是改造组织的“基础设施”“底层逻辑”的力量。它往往需要重建或优化组织的根基，因此难度和风险都特别大，需要 HR 高管有决心、耐心、判断力、规划力、整合力与推进力。HR 高管的努力与行动，有时候不是马上能够显示作用的，而是需要时间来沉淀、证明的，因此 HR 高管的使命感、自律性、自我驱动就显得特别重要。

无论怎么改造组织、构建机制、完善治理、强化文化、激活组织、激发个体，等等，最终考验 HR 工作成效的就是经营结果。经营结果是可以评判甚至否定企业 CEO 与 HR 高管一切管理行为的依据与标准。毫不夸张地说，失去了良好的经营结果就失去了一切。

所以，HR 高管一定要紧抓经营提升与改善，想方设法地促进经营目标的达成。这是 HR 高管所有行为的唯一指向。如果一开始不从经营出发去思考管理的问题，而是仅仅基于管理而做管理，会无端地消耗掉组织的资源，导致组织走弯路，甚至使企业错失发展的“窗口期”，最后遭遇重挫或失败。企业经营有其必然的逻辑，是不允许有半点侥幸、借口的。因此，HR 高管工作的指向必须极其清晰，不容有闪失，这就要求 HR 高管有极高的判断力与规划力，时刻用经营的标准来衡量自己的工作方向，谨慎地衡量、计算资源投入与使用。

HR 高管一定要知道自己的客户是谁，以及客户关注什么、需要什么，帮助客户去实现目标与价值诉求。HR 高管最大的客户就是老板，他可能是企业家，创始人，董事长、总裁、CEO 等职位上的人，这个人是需要企业业绩持续增长、盈利的。这个客户的目标实现了，HR 高管的价值才能得到体现。

HR 高管除了要“上接天气、下接地气”，还要“底通根基”，就是在底层接通、连通组织的根基，并有权限、有能力去加固、优化甚至重建这个根基。这个过程中，HR 高管要小心谨慎，因为它影响着组织的命脉与发展方向，有可能“失之毫厘，差之千里”。

以上是“道”的层面，具体到“术”的层面，HR 高管就是通过制度、流程、机制的力量，通过团队、整合资源的方法去帮助组织成功。他需要讲究战略性、策略性、规划性，多渠道、多层面地借力，善于利用组织的“扳手”等工具，使组织逐步转向正确的方向。

HR 高管要坚定地通过理性的力量，推动组织不断前进，通过改变组织去改变世界：这是 HR 高管职业生涯的另一个高度、另一重境界，也是最接近企业家的高度与境界；这就是HR高管的顶层视野。这种视野来源于HR高管的自我要求与定位，它基于HR高管对老板、对组织、对自身的假设，并把这种假设转化为现实。它是一种综合性的、高屋建瓴的视野，已经远远高于在人力资源领域“偏安一隅”的视角。

当完成书稿的时候，为了犒劳自己这段时间的全身心投入与付出，笔者走进了影院观看《哪吒之魔童降世》。笔者为哪吒的成长与蜕变感动，片中有一句话让笔者印象深刻，“我命由我，不由天！是魔是仙，我是谁，只有我自己说了算！”

HR高管们，让我们自己定义自己，诠释自己，实现自己！

黄渊明

目录

一、HR高管面临哪些高阶挑战

❶ HR 高管从 0 到 1 的几个关键步骤

林枫在 Y 企业经历了从 0 到 1 的过程，也为企业打好了人力资源管理的基础。在这一阶段，林枫有不少感受。

HR 高管在新的组织从 0 到 1 耗费了大量时间、精力，特别是最开始的半年，难度和风险非常大，因为这个阶段既要熟悉环境、识别风险、接触周边的人，并着手开展工作，同时也要评估自己能否与环境需要匹配。此外，周边的人也在观察你，看你能否适应这个地方，能不能生存……所以，从 0 到 1 的关键点是生存下去并获得认可。

HR 高管获得周边人的认可、支持，更多取决于 HR 高管自我形象、工作定位、工作风格、工作方式方面，即对 HR 这个人的认可；这是底层的“气”，底层的“气”通了，上层的事情才好办，这一步可以说在 HR 高管融入环境的成功率中占 40%。

还有就是 HR 高管的工作思路、工作能力方面的问题。HR 要根据公司的实际情况进行诊断分析，然后提出自己的“施政纲领”，即工作规划方案。

这关乎 HR 高管工作的方向性问题，也影响公司在 HR 管理上的投入。HR 高管的工作规划方案如果能获得 CEO 的认可，这是非常关键的一步。如果第一步对 HR 这个人的认可占了 HR 高管融入环境成功的40%，这一步也应该占40%。

那么，另外的20%是什么？其实就是HR高管要做出的扎扎实实、实实在在的成绩，让CEO及其他高中层干部、员工看到成效。这时候，如果HR高管带领团队打造出一个“爆品”，就会获得大家对他实际“做事”能力的认可，建立对他未来做出更大成绩的信心。

②
HR 高管从 1 到 N 的挑战

林枫度过了从 0 到 1 的阶段后，接下来就进入从 1 到 N 的阶段。

为什么用 N 定义？是因为不同的组织、不同的人，做到的程度是不一样的。这是一个在取得初步成功，即 0 到 1 的基础上再扩大成功的问题，但扩大到什么程度，是因人因地而异的。

这个阶段，很可能触及组织根深蒂固的问题，比如人才战略、激励机制、组织文化，会影响部分群体的利益，因此组织要进行不同程度的改革，甚至自我革命；这个阶段的工作对业务有着深层次的触动、推动，对战略起着重塑与影响的作用，这是一个深度参与的过程，也是更为困难的过程；这是 HR 高管及 HR 团队自我革新、自我进化，帮助组织不断进化的过程。这个过程涉及几个主要的变化：

（1）对公司战略的分析，明确 HR 要帮助公司实现战略成功的关键领域，帮助公司提升业务而要做出哪些根本性的改变。

（2）HR 使命的确定、目标体系的确定，HR 队形、作战面、作战范围的变化，HR 作战思维与武器的升级。

（3）更深层次的是 HR 介入业务领域，扩大业务影响力，推动业务发展。这个过程需要化解业务部门高中层的戒心、排斥感，让其开放地接纳并认可HR，使HR发挥更大的作用，具体说来，包括承认HR的存在，让HR在其“地盘”内活动，在一定程度上介入及支配其业务部门资源，甚至接受HR的影响与“领导”。

只有经过这个过程，HR才能真正发挥自身支撑公司业务发展，促进公司经营目标达成的作用。

❸ HR 高管要做好的七件事

第一件事：促进企业经营目标达成

HR 高管最重要的任务，就是促进公司经营目标的达成，这是压倒一切的目标。所以，HR 高管所有工作的出发点、落脚点，以及检验的标准，始终都是有达成经营目标这一点。要实现这个目标，得从“人”入手，包括干部与员工，提供充足的、胜任的“人”。

同时，HR 高管也要懂业务，成为“综合业务专家”，能从业务的差距分析人的差距，以及组织能力的差距，从而知道解决方案，弥补这个差距。而设立 HR 战略专题，能够帮助 HR 团队从中长期的角度去支撑公司战略成功与经营持续增长的目标。

第二件事：为组织构建面对未来的能力

企业经营的持续成功 = 战略 × 组织能力。HR 高管要能从组织能力的维度考虑企业经营发展，适时调整作战队形，推动组织“人”的资源的优化组合与配置，提高组织的运作效率，提升组织的战斗力。

HR 高管要勇于面对互联网时代的挑战，构建生态型组织，使组织更具“韧性”，协同能力更强。同时，HR 高管要持续建设、优化机制与流程，保障公司的可持续发展，用确定性来应对不确定性。

第三件事：帮助 CEO 做好组织内部治理

HR 高管要帮助 CEO 做好公司治理工作，平衡与掌控好利益相关方，发展合伙人机制，管理与发展好创业项目，持续建立企业的竞争优势与“护城河”，通过制度建设形成内部理性治理的精神，使组织血液能够畅通流转，在战略上形成战略定力。

第四件事：有效赋能企业管理者

干部强则企业强，没有干部队伍的支撑，企业的组织能力就无法形成，更无法推动公司业务的发展。成功的企业往往都有着足够的干部“厚度”。

HR 高管要解决干部不能胜任的问题，提升干部的管理意识与管理能力，激发干部队伍的活力，使干部队伍起到文化传承、带兵打仗、发展团队的作用。

第五件事：持续激活团队与个体

HR 高管要在企业内部营造“万物生长，各自高贵”的氛围，激发每一个团队与个体的活力，打造出赋能的平台，同时需要在激励机制上进行个性化设计。

HR 高管还需要关注几类特殊群体的特殊问题：一是新干部与老干部的合作；二是如何帮助干部在新的岗位上成功转身；三是如何对待“犯错”的员工，这里要注意区分有意义的失败与无意义的成功。

第六件事：持续抓好文化建设

企业文化建设是 HR 高管应该常抓不懈的内容，因为企业文化是不聚则散的。HR 高管要强化干部与员工对企业价值观、组织规则的敬畏之心，但又不能滥用价值观的“大棒”。同时，要让组织形成基于岗位责任的沟通，关注目标达成，注重解决问题，营造用结果说话与提振信心的良好氛围。

第七件事：修炼卓越的领导力

HR 高管要不断修炼自身的领导力，只有自身发展了，才能更好地赋能他人。HR 高管要关注战略、解决问题，并学会适当的妥协，学会“沉静领导”之道，在每一次决策中走好“正确的下一步”。同时，HR 高管还要培养还原现场的能力，学会有温度的理性治理，善用集体决策的方式，并不断跨越自身的角色，进入 CEO 的角色来思考与行动。

二、第一件事：促进企业经营目标达成

④ 以帮助业务达成目标为出发点

林枫进入 Y 企业一年后，他意识到，HR 高管不仅要帮助企业做好人力资源基础设施建设，也就是企业人力资源管理的体系、机制、流程等方面的建设，还要促进业务增长、实现业务目标、管理组织绩效的机制完善。

林枫一直认为，HR 团队所做的事情能和经营结果直接挂钩，与经营结果有直接的正相关的联系，甚至可以直接导出经营结果，关系着 HR 团队的价值实现。HR 团队的努力与经营结果之间的逻辑推导，导出过程越短、越直接越好。

林枫发现一个比较简单的方法，就是 HR 将工作的出发点定为业务部门的目标与重点工作。比如左边是业务目标与重点工作，中间画一个箭头，右边是 HR 能够做的支撑工作，这些支撑工作可以是组织层面，也可以是人才层面（如人才的补充、员工能力的提升、人才的考核激励等），还可以是文化氛围层面的工作。当 HR 对每一项业务的重点工作都做了如何支撑的分析，把这些导出结果再汇总归类，确立 HR 团队的重点工作，这样 HR 团队的工作目标就和业务目标是强相关的，而且这和旧方法确立的 HR 重点工作内容差异很大。

当然，这个过程还需要和业务主管充分沟通，看这些方面的

HR 工作资源投入是否真的能够支撑他们完成业务目标；听听业务主管的意见与反馈，也许会发现 HR 设立的工作目标与业务部门的想法有差异。双方进行充分的对话后，HR 对工作目标进行一定的优化调整，就确立了 HR 工作目标。建议年度时 HR 先与业务部门对标一次，确立 HR 的年度工作任务，因为业务的目标在每个季度都会有所调整与刷新，然后每个季度再对标一次，以形成季度工作目标。季度工作目标的设立是在年度工作目标设立的基础上进一步聚焦，以便 HR 工作不偏离业务重点。

HR 高管应该经常问业务部门高管一个问题："你们最近在忙些什么?"得到回答后，就先思考一下"HR 能从中做些什么，能帮什么忙""我做什么事情，能够让他更好、更快地把这件事情做成"……这就是最基本的以业务为导向的 HR 思考方式，也是具备经营思维的第一步。

"业务人员在忙什么，业务上发生什么，我就配套什么，支撑什么"——这是一种重要的业务感知能力。以往 HR 的重点工作经常是以 HR 自身为中心，而从这导出的 HR 重点工作往往是对 HR 自身体系完善有着较大的价值，而非对业务有价值，存在很多不能使业务增值的工作，甚至是给业务增加负担的工作，这样自然难以得到业务部门的认可。

所以，当 HR 以"客户"为中心，并从业务目标的达成出发确定自身的重点工作，能真正帮助业务部门完成几件"大事"，自然会获得相关部门的欢迎、认可与支持。

从华为的人力资源变革中，我们也可看出这种人力资源转型的端倪。

在 2019 年年初，华为 CEO 任正非在签署的新年发文中提出：

过去公司人力资源对标功能组织建设，逐渐脱离作战系统，建立了自我封闭体系，成了落后于业务发展需要的体系。

人力资源是主战部队的助手，作战需要资源，人力资源要对资源负责任。

什么是“资源”？

就是优秀的员工（各级骨干＋英雄＋领袖），以及合理的作战队形。

所以，人力资源体系一定要改革，HR要注重绩效管理、组织激活、领袖选拔、英雄评选，其他事务性工作（如签证、人事……）应该逐渐剥离出去，不能抓了“芝麻”，丢了“西瓜”。

我们要坚持三条管理方针：坚定正确的政策方向、稳定适用的人力资源考核模板为基础的应用、灵活机动的战略战术（一国一策、一品一策……的考核评价机制，以及环境突变的临时考核机制）。

以前做得好的方面也要继续发扬，使我们的管理机制变得坚定正确、灵活机动，一切向“作战”靠拢，所有形式主义的不增值管理都应该摒弃。

从HR工作重心转变的思路出发，林枫先是回顾了以前HR团队的主要工作，发现基本都是HR体系建设型的工作：

（1）建立HR重点工作框架，完善各项HR工作流程，提升HR运营效率与质量。

（2）落地实施价值观评价机制，丰富价值观宣传方式，加大价值观宣传力度。

（3）通过拓展渠道来提升招聘能力，缓解人才短缺的需求压力，支撑业务发展需要。

（4）加强新员工文化融入、技能提升、试用期管理，形成带教与赋能的机制。

（5）强化管理者与员工赋能，动员中高层参与赋能，加强讲师激励。

（6）绩效目标的落地，开展绩效考核、绩效沟通，提升绩效管理意识与文化水准。

（7）通过项目奖、目标完成奖、小额激励、年终奖等，建立基于绩效结果、拉开差距的激励机制。

（8）通过公众号、专刊、液晶屏、文化墙、团建、生日会、员工关怀等，提升组织氛围。

（9）提升 HR 团队的凝聚力、专业性、职业化水平，体现 HR 工作价值，使士气旺盛，形成较好的人才梯队。

现在林枫调整了思考方向，从业务的角度出发，确立并定义了现在要重点解决的几项业务领域与 HR 密切相关的战略性的工作。

当时公司正在实行内部经营单位的独立经营核算，走向“阿米巴经营”的方式。因此，林枫确立了 HR 的总体战略性目标：支撑各经营团队协同发展，各自“绽放”，支撑公司业绩增长。在此总体目标的统辖下，林枫细分出若干个支撑性的子目标。

这样，HR 工作就是针对业务目标来展开，而不是针对 HR 本身的目标来展开。经过以公司经营目标、业务目标为出发点的思考之后，林枫在公司经营班子会议上，和公司高层一起讨论，共同得出一个结论：Y 企业要达到的年度目标是“以客户价值为导向的文化落地、以业务目标为导向的组织体系”。

通过这些维度的工作，林枫发现，HR 帮助公司在业务上构建好了组织、机制与团队，提升了团队能力与士气，让业务团队更好地发挥生产力，确实有效地改善公司的经营情况，同时，HR 部门得到业务部门更多的认可与支持，其价值得到充分发挥。

5
人力投进去之后要“冒泡”

林枫在与 Y 企业 CEO 高德的沟通中获悉，高德还希望 HR 能从另一个更直接的维度来确保 HR 工作与经营结果挂钩，那就是确保招聘的新员工能够更好地为公司经营创造价值。换言之，就是新员工能直接或间接地给公司赚钱；公司进来一个人，要确保他的价值产出是大于其成本的。

很多时候，我们发现企业在业务上投入了很多人，但经营上却没有“冒泡”，好像石头投进水里却没有溅起水花。

所以，HR 高管要经常进行评估：公司招聘进来一批人后，这些人投入到业务部门，是否有正相关的产出，这些产出是否是经济的。当然，不同部门的产出形式是不一样的，对于产品与研发部门，应该是有更多的新产品研发出来，产品的质量更高；对于销售部门自然是销售额与回款了；而财务、人力资源等职能部门，就看其能否为业务部门提供更高效率、更高质量、更好体验的支撑与服务，是否获得业务部门更高的评价。

HR 高管还需要建立人力资源的自优化机制。因为公司内部各个组织都是有人力成本的约束与压力，需要不断改进人力效率，所以，HR 高管必须建立人效提升的指标与机制并定期审视。每个部门采用的指标可能不一样，比如薪酬包收入占比、薪酬包毛利占比、人均产值、人均利润、人均服务比等。

HR 高管要推动公司内部形成一个组织效能改进的倒逼机制，人均效率指标应成为各层组织的一个关键绩效指标，每年及每季度应主动审视其进展情况。

对于组织内部能力不胜任或价值观不符合的人员，如果长期不予处理会影响组织的业绩、团队氛围等，而且这种影响是必定会发生且持续的，因此必须尽快对这类人员进行优化清理；对低绩效的人员要开展低绩效改进计划，确保其胜任能力得到提升，价值观得到改进，最终绩效能够得到提升，进而提升其对组织的价值贡献。

⑥ HR 高管要成为“综合业务专家”

在一次与 CEO 高德沟通时，高德对林枫说：“你要成为‘综合业务专家’，才能真正了解业务部门的需求，并服务与支撑好业务部门，甚至驱动业务部门。”

这句话给林枫的启发很大。HR 高管必须要懂业务，因为不懂业务就不知道业务需要什么，从而不能知道为业务部门做什么。这个道理浅显易懂，关键是 HR 高管要如何懂业务，懂到什么程度。

在林枫的职业生涯中，他认识到 HR 高管很难精通业务，特别是对于单纯从 HR 成长起来的高管，更难精通业务，因为隔行如隔山，用几年甚至几个月就搞懂别人做了几十年的领域，这显然是不现实的。

但 HR 高管需要大致了解业务的基本轮廓、基本逻辑、基本流程、基本原理，目的是不被糊弄，能帮到别人。对于专业化分工的各个业务部门，HR 高管的优势是与各个部门都有接触，所以在“端到端”的业务上，其了解是最全面的，有着全方位的视角，因此高德说林枫可以成长为“综合业务专家”。

基于成为“综合业务专家”的目标，HR 高管可以广泛涉猎业务知识，采用快速浏览的方式，不求全懂、细抠，大概知道即可，对于专业的书籍、文章以及报告，大概浏览、学习，达到“知”的水平即可。

最后，HR 高管要取得这样的学习效果：在别人谈到某个部分的内容时，你是知道的，能够对上话。要取得这个效果，HR 高管有必要下硬功夫，开始时找几本本行业的入门书籍，粗看一下，快速建立起“知识树”或“知识框架”，后面碰到细化的专业知识，直接往框架里面放入就可以了。这样就可以不断补充、丰富自己的专业系统知识。

林枫认为，HR 高管学习业务贵在意愿和坚持。现在很多 HR 对自己所在行业和公司的业务很少投入热情。业务的确不容易掌握和学好，比如产品的一些技术通常比较复杂，但 HR 至少要知道产品是怎样做出来的，在生产过程中要使用什么技术，产品和服务在哪些方面最容易发生问题，客户经常会问什么问题……只要找到这些问题的答案，就能很容易地进入业务部门的工作人际圈，反之则很难让业务部门感受到彼此是并肩作战的关系。

因此，林枫始终认为，首先，HR 高管要有愿望去理解公司的业务；其次，HR 高管要投入业务并关心业务的各项数据，要对公司这个月、这个季度是否完成了业绩指标了如指掌。

这对于对数字缺少兴趣和敏感度不高的林枫而言比较痛苦，但他还是坚持学习，因为他懂得融入公司产品和业务领域是人力资源发展的硬道理。

除了自己学习业务外，林枫也对 HR 团队其他同事提出了学习公司业务及本职工作以外的内容的较高要求。他经常对 HR 团队成员说：“要培养自己全面地学习业务的兴趣，平时就要不断积累业务知识，不能仅仅因为要去解决某个问题或求助于某人才去临时抱佛脚学业务。”他把自己的好习惯介绍给团队，即每天提前一个小时到公司，学习公司内部网站或内部资料上的业务知识，日积月累，就会对业务比较了解，从而逐步向“综合业务专家”迈进。

7

善用 S－GAPS 模型找到工作抓手

林枫在日常与业务高管沟通时，总觉得没有好的方法论将业务战略、目标很好地落地为 HR 领域的关键工作，他一直为此苦恼。直到他遇到了一位华为公司的 HR 高管，这位 HR 高管告诉林枫，他的案头一直放着一本书——《人力资源成为战略性业务伙伴》，这本书他读了无数遍，每次读都有新的收获。

书中提到，随着业务的发展，对 HR 部门及 HR 工作者的要求已发生了显著的变化。除了那些较为传统的要求，如招聘、薪酬管理和培训外，HR 工作者应更加积极主动地从战略高度开展工作。从战略角度开展工作是指 HR 工作者应当把大部分时间和重要资源用于关注工作场所业绩最优，从而使公司业务成果最大化。HR 部门不是为自己该做什么负责，而是必须为自己所提供的服务的结果负责，即将人们对 HR 期待的价值变为现实，从而证明自身的价值。

HR 部门要战略性地运作，部门中的有些人就必须以 SBP（战略业务伙伴）角色工作。在书中，SBP 的特殊含义包括以下 3 点：

（1）那些能与中层和高层领导成为业务伙伴的人，他们对业务需求和领导人面临的挑战有着深入的了解。简而言之，SBP 应当能够与公司领导建立起直接接触的机会，并通过自己的专业能力建立起可靠的形象，赢得这些领导的信任。

（2）那些能够识别谁是自己真正的客户，并能够与之合作；在能够直接影响公司业务需求的战略性项目上提供支持，发挥SBP的以项目为导向的角色作用。

（3）通过有效完成上述两项职责，有些SBP会获得与客户“并肩作战”的权利与机会。此时SBP的职责不再是关注具体项目，而是关注整个企业在未来几年的业务需求。以这种方式工作的SBP在企业的战略制定过程中发挥作用，通过整合资源与实施公司在人力资源方面的战略，为实现业务规划提供支持。

书中提到：“决定一个组织成败与否的一个至关重要的因素就是人员绩效。”“任何一个公司，情况都是相似的。为了获得你想要的结果，你首先必须理解公司的商业需要。然后，你要确定为了满足这些需要，该对员工的工作绩效提出什么样的要求。为了确保员工的工作绩效，必须确定员工是真正有能力的，并且他们的工作环境需要可以得到满足。”

这本书介绍了GAPS模型，它是一个组织诊断模型，指导HR如何从组织的业务目标、业绩需求导出对员工的绩效、能力需求，可以作为HR与业务部门调研访谈，进行组织诊断的沟通问题提纲。详细情况如图2-1所示。

林枫根据工作需要，在GAPS的前面再加上了一个S作为导入性的思考要素，可以用于HR高管自身分析，但不一定用于访谈提纲。

那么，具体什么是S-GAPS模型呢？以下是对这个模型的简要介绍：

S——Strategic。“战略性”的意思，就是从企业的战略目标出发，考虑人力资源举措的导入性问题，以此作为HR工作的方

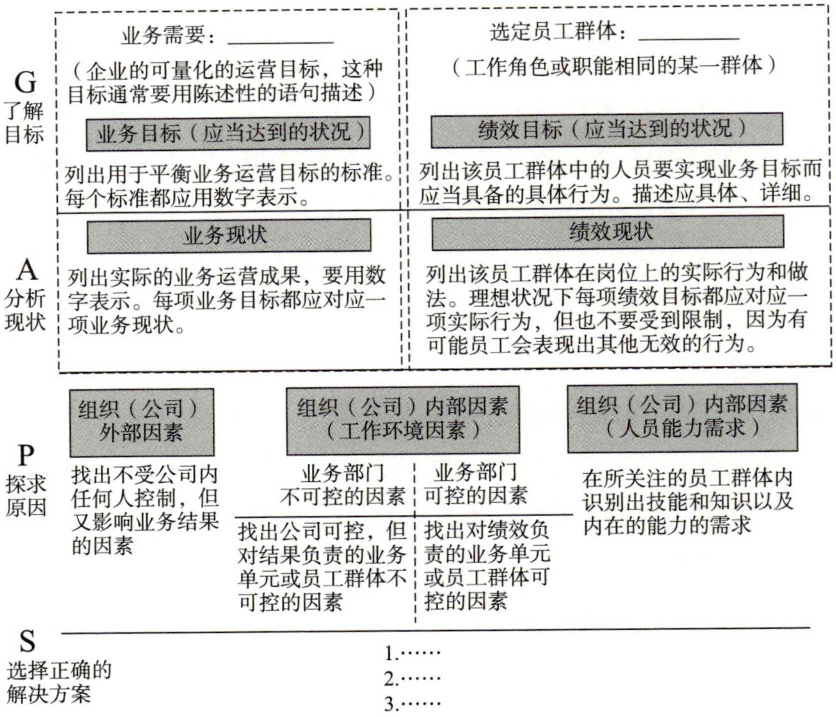

图 2-1　GAPS 模型

向性引导。

G——GO for the SHOULD。G，（理想）目标，包含业务、绩效两个目标，业务目标是公司追求的业绩目标，绩效目标是对某一类员工群体的考核目标，两者的关系是：业务目标需要公司内不同员工群体的绩效目标来支撑实现。

组织业务目标清晰后，HR 需要引导业务部门通过思考“为实现业务目标，员工应当具备哪些行为来履行岗位职责或应当做出哪些行动”这一问题，将业务目标转化为员工绩效目标。

举例来说，访谈问题可以这样设计：

（1）您好！张总，我想先从 2019 年的业务目标了解：咱们事业部目前的规模是多大？2019年的市场份额是多少？销售额预计完成多少？

（2）您觉得完成这些目标，员工需要做哪些关键任务？

A——Analyze the IS。A，分析现状，找到差距。HR需要通过了解实际水平和目标水平这两个方面的信息，引导业务部门找出目标和结果之间的差距。

举例来说，访谈问题可以这样设计：

（1）2018年，事业部销售额完成了多少？哪些产品线实际和目标水平差异比较大呢？

（2）和目标差距多大？目前人、财、物等方面资源配置的现状是什么样？

P——Pin down the Causes。P，探求原因，即是什么导致目前的结果。产生业务绩效差距问题的原因有组织外部因素、组织内部因素和个人因素。

组织外部因素指不受组织内任何人员控制的因素，这是客观因素，很难改变。故而应聚焦组织内部因素和个人因素。组织内部因素是组织可以控制的因素，包括角色与期望、辅导与强化、激励等。个人因素指员工个人按要求完成工作所必需的能力因素。

举例来说，访谈问题可以这样设计：

（1）您觉得目前的结果的症结来自哪些因素呢？

（2）关键因素中人的因素是哪些具体方面起影响作用呢？

（3）关键因素中哪些业务环节出了问题？

探寻原因可以采用由外到内的方式。

外部原因，是指企业外部的因素：经济环境、行业政策、竞争格局、产业链协同、消费者市场、人才市场等。

内部原因，是指组织内的因素，包括组织、人才、激励、文化氛围等。

具体如下：

组织：组织形态、组织规模、组织绩效、组织效率、组织协同能力、组织规范性（即制度、机制与流程，如明确的角色与预期，工作体系与流程，信息、人员和辅助工具的可获得性）等。

人才（干部、员工）：数量、结构、知识、技能、能力、准备度（特指干部）。

激励：激励政策、激励资源、激励结构。

文化氛围：员工对组织文化与氛围的评价、组织文化对组织经营业绩的影响等，具体可综合运用盖洛普 Q12 测评法、丹尼森企业文化模型等方法进行评估。

这种思路一旦清晰，很快就会引起业务部门的共鸣，访谈就会顺利进行。HR 高管即使不太懂业务，但在与其他业务高管访谈的时候，若按照 GAP 模型，谈对方关注的业务目标、绩效目标则访谈主题就会很顺利地切入。

S——Solution。即分析原因后提供的解决方案。具体可以从外部生态、组织、人才、激励、氛围 5 个方面解决。

⑧ 做好企业经营落地的全过程管理

林枫在企业经营管理中发现，企业经常会出现战略规划、经营目标无法落地的局面——虽然组织中人员的绩效考核都近乎满分，但战略规划、经营目标完成率却很低。

究其原因，主要是在制定和实施组织的绩效考核时，没有把战略规划、经营目标作为制定绩效考核方案的主要依据，战略规划、经营目标制定后往往就被束之高阁，无人问津。人力资源管理的绩效考核指标任凭各个部门臆测制定，绩效考核流于形式。为了使战略规划、经营目标落地实施，就必须采取编制商业计划、全面预算、管理报告和绩效与激励等手段，在企业经营管理全流程中充分体现战略、经营目标。

因此，林枫和 CEO 沟通，明确公司经营要上承战略、下启绩效，要建立一套让战略有效落地的经营与纠偏机制。

组织，特别是企业内独立经营核算的组织（分公司、子公司、事业部等），经营目标的落地，有一个循环的逻辑，企业按照该流程来做好全过程管理。如图 2－2 所示，全过程管理流程如下：

将企业战略目标作为起点，到制定商业计划，再到全面预算的生成，然后是经营过程执行监督，之后是每半年或季度的管理

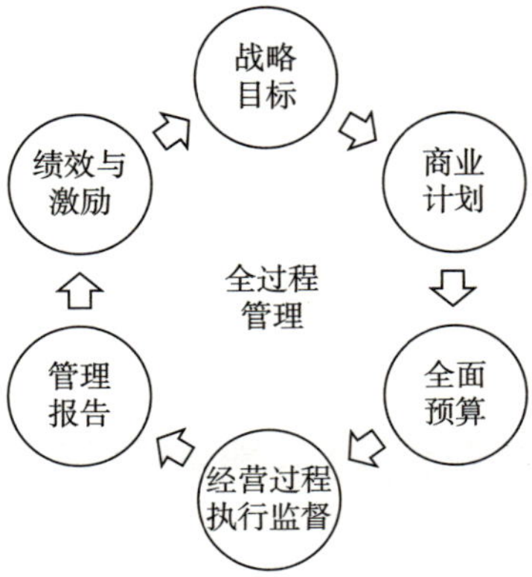

图2－2　组织经营目标落地的逻辑

报告，然后是绩效与激励（年度），最后再回到以年初的战略目标作为起点。具体的过程见下文分析。

（1）战略目标：是起点，确定业务单元的发展方向，包括中长期战略目标和重大战略举措。

（2）商业计划：分解战略举措，制订行动计划和预算；落实战略举措，每年进行战略检讨和战略落实。

（3）全面预算：全方位、全过程、全员参与编制与实施预算管理。

（4）经营过程执行监督：对公司经营管理的全过程进行计划执行和控制。

（5）管理报告：监控、分析战略执行过程和结果，是公司经营报告管理体系落地的关键，能穿透各管理层级，到达组织基层的日常运营。

（6）绩效与激励：对管理者进行考核奖惩。

林枫通过以上步骤对各事业部、分公司、子公司的经营计划进行周期性管理，设立了组织管理模块，并在每个季度召开经营分析会，审视各个组织的绩效，取得了较好的效果。

⑨ 设立 HR 战略专题，聚焦 HR 战略性贡献

林枫在带领 HR 团队的过程中，发现日常工作比较多，而且 HR 团队的主要精力都集中在解决一些常规性问题上，对于战略性、长远性的问题，特别是公司重大经营目标相关的问题，却并没有相应的机制或载体去实现。他在经过苦苦思考后，决定用设立战略性的 HR 专题的方式来解决这一缺陷。

一般来说，HR 高管在规划年度工作时，比较注重那些容易把握的、有利于 HR 团队自身绩效目标达成的确定性问题，没有真正从组织的长远需求出发，解决那些棘手的、充满不确定性的难题；而正是这些难题真正制约了组织发展的步伐，需要用更多的人力、更多的智慧、心力来解决，并需要精心规划、持续关注与优化改善。

由于这些难题属于方向性、探索性、研究性的专题，不一定有明确的答案，因此，林枫鼓励 HR 团队的同事积极主动承担，并进行项目性管理——制定项目计划，定期进行项目进度审视，根据项目成果给予项目奖励。

所以林枫在规划 HR 团队年度工作时，不仅有当年度的重点项目，还有战略性的专题项目。比如：

（1）公司达到××亿元的收入究竟需要多少人？

（2）如何优化产品和研发的人才结构？

（3）如何逐步建设平台型、生态型组织？

（4）如何应对薪税政策的变化？

（5）如何发展各产品线“战队”的生产力？

（6）如何构建产品研发体系竞争、协同的关系？

（7）如何实现资源的横向流动，通过最优的配置达到总体的相对低成本？

（8）公司合伙人机制如何最大限度地激发每个团队、个体的积极性？

（9）如何构建能够打穿、打透特定行业的销售、售前团队？

（10）交付资源时如何高质量、高效率、低成本交付，并能收集客户的声音，倒逼、反推产品的改善？

（11）职能部门如何标准化、低成本、高效率交付通用型的服务，并能满足各部门个性化的需求？

（12）激励方面，如何提供合适的“优质原材料”，让业务部门自己炒出合适的“菜”，提升与优化激励效果？

设立了战略专题后，林枫和HR团队在周工作例会上，不仅审视绩效目标的达成情况，也审视战略目标的达成情况，月度发布战略专题的进展，半年度、年度在述职中向公司领导层进行的汇报……这些为公司的发展做出了更多人力资源领域的探索，创造出更多的价值贡献。

三、第二件事：为组织构建面对未来的能力

⑩
从组织能力的角度思考企业经营与人才的问题

很多时候，业务部门讨论企业经营发展的问题时，就会从经营、业务的状况落实到人力资源动作细节，比如经营结果不理想，就是因为人员不到位、员工能力不行、员工缺乏承担意识、培训不够、薪酬太低了……

这些问题往往只是浮在表面的问题，看上去是事实，但本质上不一定是组织的真正问题或痛点所在。如果 HR 高管只是被业务部门的这些解释牵着鼻子走，就会陷入不断地追逐飘忽不定的“萤火虫”的怪圈，结果很可能是徒劳无功，反而把自己真正要去的“目的地”忘记了。这属于典型的“点”状思维、表层性思维。

HR 高管应该从组织能力的角度去分析、解读企业经营发展的问题，要探寻到组织的病根，也就是组织能力的缺失或不足。

企业组织能力是一个企业特有且深植于组织的、可以持续保持的能力，这种能力可以帮助企业超越对手、为客户创造价值。

可以这样定义组织的能力：“组织能力，即组织的集体技能、才能和专业技术知识，代表着组织为了完成工作而用什么样的方式来组织人员和其他资源。组织能力决定了组织的优势，并最终决定组织的本质，从而形成组织的独特身份和个性。组织能力在相当长的时间内保持稳定，比融资渠道、产品策略或技术更难被竞争对手仿效。”

组织能力是组织应对外界反应与调整自身的能力，是组织所表现出来的“行为”的能力，以及这种组织“行为”带来的结果，比如创造业绩、影响社会、战胜竞争对手等。它可以包括组织中人的群体，也包括组织架构、体制、流程，还包括企业文化。评估组织的能力是由内向外看的，而打造组织的能力是由外向内塑造的。

企业要完成既定目标需要有好的战略，但只有好的战略是不够的，还需要有与战略目标相适应的强有力的组织能力来支持。企业内保持良好的组织能力，将是企业获得成功的关键。

如果从组织能力的角度去分析企业的经营问题，就会有更系统、更宽广、更深入的视野去层层解决组织的真正问题，而不是捕风捉影。

比如公司阶段性经营业绩不好，可能是因为公司缺乏对各经营单元业务目标的管理能力、缺少组织决策机制、拓客与留客能力不足、技术产品化能力弱等。针对组织能力的不足，我们可以从多个方面，用多项管理举措来弥补组织能力不足，比如对各经营单元业务目标的管理能力不足，就可以用月度经营业绩排行榜（“赛马”机制）、月度绩效分析会、业务目标精准细分、高层分工辅导重点事业部或区域等方式去促进目标管理能力的提升。

HR 高管要形成一种思维，即要为组织构建什么样的组织能力。

组织能力是由组织的战略决定的，要从战略的维度进行分解，得出组织的能力需求。比如林枫在 Y 企业组织高层一起讨论出来：对 Y 企业来说，最需要形成驱动员工完成目标的能力、设计出更好的产品的能力、更低成本运作的能力。

而组织能力的需求，一般是从对差距的分析得出的。我们对差距的分析，可从两个维度来思考：一是努力的差距，二是能力的差距。

努力的差距是指保持流程不变、方法不变、现有人员能力不变、管理方式不变，只是人员比原来更勤奋一些，效率更高一些，这在一定程度上可以弥补业绩的差距。它更多带来的是业绩或绩效的“量变”。

而能力的差距则须采取建立与优化管理机制、改进流程与方法、提升现有人员能力、优化管理方式等措施，从结构上、深层次上提升组织能力，从而改变业绩，引起能力的“质变”。

HR 高管应该多做弥补组织能力差距的事情，从底层的驱动力要素的改变入手来提升绩效。

组织能力的差距，在很多时候是通过人才来弥补的。为了弥补组织能力差距，HR 高管需要不断从未来视野的角度来思考人才现状与未来需求存在的差距，评估组织需要引进什么样的人才，采取什么样的人才举措，构建什么样的能力。

比如华为针对公司要完成组织能力的大幅提升与跨越这一目标，提出“要么换人，要么换脑袋”的思路，汰换不合格人员，引进大批量层级更高、能力更强、更异质化的人才，同时把公司关键岗位上的人才，特别是干部、业务骨干，放入组织熔炉进行大范围的训战，输入组织变革所需要的新思想、新知识、新方法等武器，达到“洗脑、换脑”的目的。

⑪
做好组织协同，提升联合作战能力

林枫发现公司内召开会议，很多是自上而下纵向地开会，其实这样的主要是“汇报性”的会议，是出于“管理”需求的会议，会议效果不是很好。这种会议阶段性地召开即可，比如每周、每个月召开1次。

而组织内大量、日常频繁发生的，也是组织最需要的会议，是“横向”的跨部门联合会议，这样的会议更有利于组织的协同发展。

所以，林枫在公司提出，应该召开更多关于客户的会议，经营的会议，跨部门的会议，解决问题的会议。而且跨部门的、解决问题的会议应该例行化，并建立联合指挥部，以保持不同部门人员的互动、信息的畅通、部门间的协同合作。

作为联合指挥部，解决问题的导向与机制非常重要，需要建立组织决策机制。比如在大家有不一样意见的时候，决定采用会议最高负责人决策制，还是少数服从多数的投票决策制。

无论采用何种会议决策机制，会议的沟通方式应该是平面式、平等式的，会议要以解决问题与决策为导向。

林枫观察了企业内部一些跨部门的会议，发现有很多需要改进的地方，包括没有设置会议议题与议程，没有管控会议时间，与会人员只是漫议，讨论与决策缺乏质量，也没有针对结果的跟踪机制等。

这里要实现组织内部的突破，关键有二：一是组织要从“团队”转变为“战队”，以“作战”为导向构建队伍运作方式；二是要构建组织协同合作的方式与机制。

根据林枫在企业管理中的运作经验，具体有以下几种组织协同的方式：

（1）管理层协同：让同一高管分管不同部门，来实现几个部门之间的协同合作。

（2）绩效结果指标协同：几个部门一起承担共同的绩效结果指标任务，形成“背靠背”的并肩作战关系。

（3）流程协同：在流程设计上实现几个部门共同协作，“并行”而非“串行”来完成一件工作。

（4）项目（方案、实施）协同：在完成一些项目的过程中进行协同，包括项目的方案设计阶段或者实施阶段。

（5）人员协同（兼职）：为了实现不同部门、项目、流程的协同，有时候可以任用同一位干部或员工在不同部门、项目、流程上的两个及以上的岗位上兼职，他的多种角色也会在一定程度上促进不同部门、项目、流程的协同。

（6）沟通协同：在沟通方式上促进协同，比如部门之间经常共同开会讨论一件事情，共同决策或实施一项工作，具体的方式可以是会议沟通决策或点对点的沟通决策，或者方案、制度发布时的“会签”。

（7）文化协同：就是提倡与建立一种协同的文化，在这种企业文化中明确提出什么样的协同行为是被鼓励与奖励的，并通过激励机制进行落地，逐步使协同成为一种群体意识。

HR 高管要帮助公司构建协同的基础设施，构建组织协同的经营目标管理机制。协同包括组织内部与外部的协同，是一种比较难模仿或超越的组织能力，因为它需要文化、高层管理者、机制、团队，乃至流程与IT的支撑，这种组织能力不易形成，一旦形成，将成为组织的核心竞争优势。

组织协同是组织应大力解决的问题。罗伯特·S.卡普兰在《组织协同》一书中提出，对于集团性企业而言，协同分为多个层面，有集团总部的各部门间的协同、集团与分支机构的协同、分支机构间的协同等。

那么，如何构建协同的机制呢？可以通过制定集团层面、集团与分支机构层面、分支机构间的战略图和计分卡，描绘出集团与分支机构的“企业价值定位”：企业如何在不同的业务单元之间创造协同效应，以及运用革命性的平衡计分卡管理体系来设定、协调、监控高层战略的实施，保证组织的每一个部分都在朝着共同的战略目标前进。

⑫
设立组织管理、干部管理部门或模块

企业 HR 部门应尽早成立组织管理的模块或者部门，可以有人兼职，这可以让企业从组织管理的视角看待组织的发展。比如林枫在 Y 企业规模才有 400 人的情况下，就成立了组织管理模块，具体职责包括管理组织形态（组织架构）、组织规模（人力资源预算）、组织绩效等，并让一位负责招聘的同事来兼任。

之所以把组织管理独立出来，是因为在实践工作中，很多人力资源工作无法归入 6 大模块。比如组织架构的设计、岗位职责的管理、公司的权限体系、公司的沟通系统、公司的制度流程体系、奖惩体系、晋升降职体系、企业文化、领导力、公司战略等，这些工作无一不是非常重要的工作，有的还是公司人力资源管理的基石，但这些工作似乎都不太好归入 6 个模块中的任何一类，所以可以把这些工作归类到组织管理中。

如果仅仅把 HR 高管工作内容定位在 6 大模块中，而忽略组织管理，后果是什么？

第一个后果就是 HR 高管无法和 CEO 在一个频道上工作。CEO 思考的人力资源问题其实不全是人力资源 6 个模块的问题，更多的则是人力资源问题中的组织管理问题。HR 高管如果忽视组织管理方面的工作和学习，永远也解决不了组织管理中出现的问题。

第二个后果就是难以取得真正的成绩。如果把人力资源管理比喻成一棵大树，组织管理就是大树的树根，组织管理出现问题，六个模块的工作就是无根之木，会慢慢枯竭。HR 高管把太多的时间花在六个模块中，很难做出真正的成绩。

所以，作为 HR 高管，站在组织管理的角度去开展人力资源管理基础工作，铺设好人力资源管理的基石，才是 HR 高管的成功之道。

除了组织的模块，干部管理的模块也是有必要成立的，但很多中小企业甚至大企业都没有意识到干部管理的重要性。

林枫认为，干部管理体系和业务管理体系是同等重要的，一个完整的干部管理体系往往包括：干部的使命与责任、干部的标准、干部的任用程序、干部的能力发展、干部的评价与激励、干部梯队建设和后备干部培养、干部监察等。

设立了组织管理、干部管理部门或模块（这两个模块也可以合并在一起），HR 高管可以从最初就考虑组织长远的机制建设问题，打好组织的基石。HR 高管要随着时间的推移，不断为组织构筑“护城河”与“基础设施”，这是支撑公司长治久安的事情。

⑬
组织调整的背后要考虑什么

Y 企业 CEO 高德在推动业务部门不断调整组织结构，不仅是年度大调整，季度、月度也在不断调整，而且不是因为增量的业务而调整，而是对老业务一直没有想清楚，今天一个想法，明天一个想法，随着想法在变，组织也在不断变化，有的部门甚至因为新设一个项目而新增一个部门……这导致组织反复调整，Y 企业的组织从年初调整到七八月份都没有确定。

其实组织是一种体系性的沟通运作，组织的调整，背后是运作机制的形成与沟通机制的构建，这个沟通运作机制重构是需要时间与人来磨合的。

HR 高管要帮助企业明确组织调整的出发点和原则是什么。

组织调整的背后，要考虑的是：

（1）提升协同效益。

按照传统的理论，组织结构是组织实现其战略的载体，它决定了组织内部汇报关系、权力分布和沟通渠道，所有组织架构都是为了最大限度地实现组织内部的专业化分工与协同。

但分工与协同之间存在一定程度的冲突，因此在组织结构设计中，需要努力做好两者的平衡。

当组织规模较小的时候，这种冲突并不明显，通过建立沟通协调机制（比如召开会议）、提升领导者的沟通能力等管理举措，基本上就可以解决。

但是当公司体量增长到一定规模后，部门之间的壁垒会越来越厚，这里面除了先天的本位主义，还有利益等，组织的协同就成为组织需要解决的问题。

比如某互联网企业将原有的零散的业务部门按照业务内容划分为四大中心，从公司层面将需要协同的单位减少；而在具体的业务层面，按照业务群体划分后，原来的跨单位协调变成单位内部协调，难度相对降低很多。

（2）促进资源共享。

企业在发展阶段会不断地产生新的业务，每一个新生业务部门为了生存，都会竭力向公司争取各种资源，体现在组织层面，就会导致业务部门的功能出现重叠——除了传统的人力、财务功能，还有研发、推广等业务的核心功能，尤其是具有“中台”属性的功能，比如数据分析、运营等，组织内很多部门出现重叠。

更深层次的问题在于，原有业务部门的渠道、用户可能存在重叠，彼此业务上甚至可能存在利益冲突，形成内耗。通过形式上的整合，各部门内部能够建立相关的利益补偿机制，使得大家能够更好地协作、资源共享。

（3）快速应对外部变化。

如今不仅是“大鱼吃小鱼”的时代，还是“快鱼吃慢鱼”的时代，但是真正能做到产品快速迭代、服务快速响应的企业很少。究其原因，组织结构是关键。

企业从信息获取、机会识别、方案形成、决策到最终实施，中间所涉及的环节与主体越多，速度就越慢。在快速变化的环境下，企业需要快速应对外部的变化（包括宏观经济、竞争对手、用户、技术发展等方面），然后快速形成方案并落实，才可能抓住机会。

（4）承接公司战略的调整。

战略目标落地的举措有很多，最直观的表现是组织结构的变化。当然，组织结构变化的背后是资源投入的变化。

比如某互联网企业在新的组织结构调整中，将用户、内容、交易三个核心环节以事业部的形态呈现，可以汇聚更多的资源，更好地落实公司战略，特别是将用户增长部门作为一个单独的中心，意味着从组织功能层面真正地保障了对用户的关注，使“客户导向”的价值观得以真正实现。

针对以上组织结构调整的目标，在重大的组织结构调整，即组织变革中，有几点是企业需要重点关注的：

首先，组织诊断很重要。一方面要重新厘清战略目标，做好组织诊断，打“阵地战”；另一方面要将战略分解为具体的业务板块及产品支撑，打“丛林战”。有了诊断，才清楚与目标的差距，组织结构的调整才能真正见效。

其次，软硬结合。企业价值观与领导力建设对于组织变革过程来说很关键，组织变革要伴随着企业文化与价值观的全过程渗透，同时，要确保领导力贯穿始终，才能够保证组织变革在可控的范围内。这是因为，一方面，变革在某种程度上是摸着石头过河，并没有现成的标准可以参考和借鉴，有价值观与领导力做保证，所有的变革行为不至于跑偏；另一方面，通过领导力对干部与员工的思想进行更新，有助于员工理解、接受变革，不至于因变革出现大规模人才流失的问题。

除了以上组织调整出发点和原则，还应该注意组织调整的几个误区：

（1）组织调整主要是因为经营需要，而非仅仅是管理需要。如果只是因为管理需要来做组织调整，很可能会伤害经营。经营层面和管理层面必须同时考虑，并以经营层面的需要为主。

（2）要留有组织调整的过渡期、试行期。不要一下子撤掉了某一层级的组织与人员，导致组织真空，可以先试行一些部门与人员的调整，试行成功后，再大范围覆盖或复制；否则很容易造成组织震荡，并对经营造成重大影响。

（3）组织调整要考虑干部能力的匹配，因为组织调整往往伴随着干部调整，特别是要任命一批新干部，这时候要充分论证这些干部能否胜任，如果没有胜任的干部，组织调整的计划与节奏也需要重新考虑。

另外，人力资源自身的变革也需要跟随组织战略进行调整。所以人力资源要追问几个问题：为了应对外部环境变化，组织现在最大的问题在哪里？为了解决这些问题，组织应该做哪些变革？在变化过程中，人力资源和组织应该扮演什么样的角色？

HR是对整个组织的战略最紧密配合的队伍，必须不断进行自我重构，包括HR自身的组织结构与定位，以便支撑组织调整或组织变革。

14
提高组织的有效效率

Y 企业招聘了一位在海外工作多年的研发高管李强，这位高管毕业于美国某大学计算机工程学专业，擅长软件创新与科研开发流程优化，有着很先进的管理理念。在美国高科技企业工作期间，他通过对流程的精简和统一，为企业提供高效的工作环境和竞争优势，能普遍提高有效率 50% 以上。

有一次，林枫听到这位研发高管提到组织的有效效率的问题，他认为我们日常提到的工作效率通常是无效的“效率”，因为目标本身可能是错的，或者做的事情是毫无意义的，或者是在错误的道路上快走，却离正确的目标越来越远。

随着企业的逐步发展，我们可能制造了很多不需要的组织和流程，造成了很多不必要的工作，并且这些组织和流程承载了很多不必要的资源。这时候，企业的重中之重是理清目标，理清流程。

所以，对目标体系的持续管理，以及对流程的持续优化管理，是我们应该坚持做的工作。目标管理其实是对“What”的管理，通过公司的年度组织目标设立、立项及阶段性的绩效目标设立等来解决；流程管理其实是对“How”的管理，也就是运营管理，我们必须持续优化运营平台，提高有效效率。

对组织来说，“手脑协调”叫有效率；如果“脑”下了指令，手脚却不听或行动迟缓，脑和手脚之间是脱节的，这不叫有效率。组织内特别要避免出现这种情况，所以组织的指令一定要清晰，并且做到“令出必行”。

公司从一把手开始，就要训练指令明确清晰，养成每次开会必有纪要、事事有跟踪、事事必回复的风格。这样坚持下去，组织的有效运行效率与效果必然会呈现出来；坚持10年，必然有丰厚的回报。

⑮ 促进资源的重组与流动

公司内部的资源需要不断地进行重组，特别是对于做知识产品的互联网企业，要把前台、中台、后台的人员经常进行互换、调配与流动，流动就会产生活力。

林枫在服务的公司里，把后端优秀的人员往前端推，把前端优秀的人员往后端送。因为前端的销售与服务人员能把市场思维、客户思维带给后端的产品、研发人员，让他们的产品策划、开发质量做得更好；而把后端优秀的人员往前端送，可以更好地优化解决方案，服务好客户，做厚客户界面。

调到新部门后，两端的人员都会运用其熟悉领域的知识倒逼“老东家”，比如调到后端的前端人员，会对前端提出更多、更高的要求；而调到前端的后端人员，会对后端提出更多、更高的要求……这样可以促进前后端相互倒逼，有“背靠背”的信任和支持关系。公司为了构筑全面、均衡的竞争能力，可以建立内部前后端岗位的定期、定量调换机制。

我们通常讲人才的选用育留，其实应该增加一个“流”，即把人才流动单独拿出来审视，分析如何通过人才流动提升用人、育人与留人的效果。

众多知名企业都通过人才流动构建内部人才的能力储备与供

给渠道。腾讯提出员工转岗机制——活水计划。正所谓“问渠哪得清如许，为有源头活水来”，活水计划的目的在于建立畅通活跃的公司内部人才流动的市场机制，一方面帮助员工在公司内寻求自己更感兴趣也更适合的发展机会；另一方面也增强了公司产品在赛马机制下的竞争气氛，而且有潜力的重点产品和业务自然会更容易吸引尖端人才，成功的概率也就更大。腾讯内部绩效考核数据统计结果显示，转岗后的员工平均绩效得分有显著提升，员工在新岗位上表现得更加出色。

华为早在2013年就推出了《华为公司内部人才市场管理规定（暂行）》，内部转岗以任职资格为上岗条件，在岗位需求和员工意愿均匹配的情况下，员工可以顺利转岗。华为还明确每年要有数千名员工，包括员工和干部，从研发转到销售服务，而且转岗的岗位职级比较高的，要求销售人员与服务人员的技术水平也要加强，才能打胜仗，更好地服务客户。

内部人才流动机制不仅有利于员工的良性流动和优胜劣汰，提高工作积极性，提升工作满意度，也有助于公司重点业务的推进。

16

建设与发展合伙人机制

Y 企业一直在推进合伙人机制，林枫也深度参与了合伙人机制的构建，从中积累了不少经验心得。

Y 企业构建了以合伙人团队来牵动组织资源并驱动企业发展的机制，呈现出富有特色的两个“圈层”支撑下的业务体系。如图 3－1 所示。

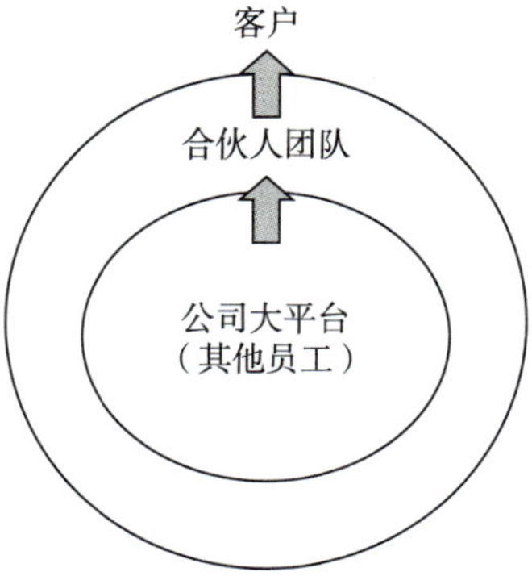

图3－1　两个“圈层”支撑下的业务体系

从 Y 企业的实践看，在客户界面可以构建合伙人机制，组成一个个小团队来活动。外围是以客户为服务对象的，而与客户接触的是一个个以合伙人机制凝聚或构建起来的小团队，他们在一线面对客户，为客户提供服务。公司内的其他部门，都是通过支撑这些合伙人团队来达到服务客户的目的，这就形成了公司整体外围是对接客户，而内圈则是对接合伙人团队的业务体系。

合伙制背后要依靠平台化的赋能，事业合伙制是相互激励和赋能的关系，需要共识、共担、共创、共享，需要更大的桶、更多的水。

持续增长是企业永恒的主题，只有持续增长，管理才有价值。所以，合伙人机制一定要能促进公司增长，而且是以公司增长来哺育的，核心在于增量的分配，激励机制与业绩要紧密相关。

合伙人机制是解决人才意愿问题的最佳模式。公司实施合伙人机制是为了激发员工的奋斗精神，让员工从主观上为自己的奋斗，转化为客观上为公司的奋斗。公司是有一个“奋斗指数”的，奋斗指数存在地板效应（取决于公司最不奋斗的人）；要把搭便车的人变成奋斗者，让公司变成每一节车厢都充满动力的“动车体系”。

⑰ 采用战队式管理，发挥兵团作战优势

以前 Y 企业把内部的研发部门组织叫做团队，后来林枫与研发高管“海归”李强沟通：从激发斗志的角度上讲，称为“战队”更合适一些。战队是为了作战目标服务的，更具指向性。另外，战队有着特定的作战队形、作战结构，这种队形和结构是为了打胜仗而设计的。

公司内的不同部门，可根据需要成立小战队、大战队。但战队组成是以精干、利于作战为原则，比如 Y 企业的研发组织实施 7 人一个战队（“两个披萨”原则，即团队的人数不应该多到让两个披萨不够吃），最多增加 2 人，超过 9 人就必须成立新的战队。

战队管理是有生命周期的，以是否完成作战目标与任务为导向，一个重大作战目标完成了就进入下一个作战目标——又或者这个战队就需要解散，重组到其他战队中。

战队要用互联网化工具来管理，进行工作计划的确定、过程跟进、绩效评价等。Y 企业使用了 JIRA 工具进行管理。JIRA 是 Atlassian 公司出品的项目与事务跟踪工具，被广泛应用于缺陷跟踪、客户服务、需求收集、流程审批、任务跟踪、项目跟踪和敏捷管理等工作领域。JIRA 具有配置灵活、功能全面、部署简单、

扩展丰富等特点。

林枫还发现了一个规律，即公司内不同的业务单元适合的作战方式是不一样的。有的业务（如销售）适合“单兵作战”或“小分队作战”模式；而有些业务，则需要采用“兵团作战”的方式，围绕一个目标多角度、多路径、多梯队进行重点突破——合围、包抄、群剿、群攻，以便攻下关键山头，占领技术领先优势，形成专利保护，构筑企业竞争力的“护城河”。

所以，林枫和李强在对研发队伍的管理中得出一个结论：在研发队伍的建设与运作上，要从中长期的角度构建好“兵团”，留有足够的时间长度、空间宽度与深度，确保在技术的积累、创新与突破上有持续纵深领先的空间。

我们发现，企业里比较容易出现错用组织运作方式的情况，应该用“游击战”的用了“阵地战”或“兵团作战”，而应该用“兵团作战”的用了“游击战”，甚至在用人上也出现了错位。

在电视剧《亮剑》中，李云龙和丁伟都是英雄，但是他们的秉性和脾气差别非常大。李云龙适合带领特种部队作战，而丁伟适合指挥大兵团作战。

李云龙为什么适合带领特种部队作战呢？这得从他和赵刚成为搭档说起：两个人合计弄了一个加强连，这个加强连就是早期的特种部队，因为加强连里有全团的武功高手，比如魏和尚、王根生、王喜奎等，都是有特殊才能的人，而且李云龙和山本一木的特种部队多次交手，他知道特种部队的厉害，自己在这方面吃了大亏。解放战争的时候，李云龙就已经在做实验了，带着小分队插入敌人的“心窝子”，这就是他的实践训练课。后来，他还成立了梁山大队，专门搞特种训练，这是他的专攻方向。

为什么说丁伟适合指挥大兵团作战呢？因为他的军事逻辑非常清晰，不会和孔捷一样，动不动就是“不惜一切代价给我顶住”，他的策略是：我要阻止你去拜寿，还要减少我的损失。这一点从阻击日军增援平安县城就能看出来，他充分利用了地形，达到了层层阻击，又减少了己方损失的目的。解放战争的时候，他一个师敢去打廖耀湘的一个军，而且还打赢了，绝不是偶然，而是这个人对战局分析得很清楚，所以敢打。一个能把一个师发挥成一个军力量的人，非常适合指挥大兵团作战。

⑱

建设具有韧性的组织与团队

林枫读了《赋能——打造应对不确定性的敏捷团队》一书，在组织建设方面得到启发。

一手打造了有全球战斗力的美国特种作战司令部的指挥官斯坦利·麦克里斯特尔，在接手美国特种作战司令部的时候，发现从单兵作战能力到装备等方面都非常强大的特种部队，竟然被“基地”组织的小米加步枪打得晕头转向。深思之后，他发现背后的原因是“基地”组织的架构非常灵活，针对突发事件可以比较快地自行做决策，而美军决定做一件事情，需要经过层层审批，很多机会就这样溜走了。为了改变这种状况，他开始向“基地”组织学习，按照他的话来说：“要想击败网状组织，就必须使用另一个网状组织。”

要想解决问题，就需要先了解目前问题的症结所在。斯坦利追根溯源，发现部队受多年前泰勒科学管理思想的影响，主要追求的是做事情的效率，每个环节、每个流程都优化得很好，这在环境一般复杂的情况下是有效的，尤其是环境相对稳定的时候，比如工厂车间要生产什么样的产品、用什么样的流程、基于什么样的标准等都很清晰的环境；但在超级复杂的环境中，变量很多的情况下，泰勒的科学管理可能就失效了。

根据我们从前的组织管理方式，事先做好规划，做好预防，是有一定效果的，但也有可能导致组织僵化。虽然整体因此变得很强硬，但在多变的对手面前反而很脆弱。一个显著的例子就是“马其诺防线”，尽管修筑得很好，但最后德军却从侧面绕了过去，这个防线就变得没有价值了。

组织也是这样，基于相对固定的环境，我们流程优化得很好，每个人也很强，但是一旦环境突变，就发现这些流程、个人技能都没了用途。就好像建了一个工厂，所有的准备都是为生产汽车，某一天说方向变了，要生产飞机，结果就让人傻眼了。

“韧性思维”是一个迅速发展的领域，带给我们的启发是，可以通过新的方式来处理错综复杂局面所带来的新挑战。

在一个“韧性十足”的体系里，管理者会接受这样一个事实：他们不可避免地会遭遇到不曾预料到的威胁。而他们不会试图建立坚强的、专门化的防御力量，而是建立一些体系来抗击打，甚至试图从击打中获利。

“韧性体系”能够应对未曾预料到的威胁，如果有必要，它还会在遭到无情的击打后恢复如初。因此，我们要建立有韧性的组织，让团队可以因势利导，更加自主地做决定。

所谓的“韧性”，在《韧性思维》一书中是这样解释的：“一种体系抵消干扰，并且保持基本功能和架构的能力。”

HR 高管在建立组织架构时，既有标准型的组织架构，在此基础上，也可以有个性化设计的部分，比如可以增加或减少局部的组织，让组织保持一定的灵活性与弹性。特别是集团性公司在构建分公司组织架构，或连锁型企业在构建分店架构，或项目型组织在构建项目组织架构时，都应充分考虑到组织的韧性问题。

有些组织可以采用标准型组织架构，在标准组织架构范围内，有些部门设置是可选的，如果不选就不需要审批；如果超越了标准组织架构范围的组织，则需要特殊审批。

韧性管理不是假定已有足够的知识储备，而是要认识到自身的无知；不是假设未来可预知，而应假设未来不可知。韧性架构能够适应视角的转换，因为其不需要有精准预测未来的能力，而只需要具备设计出能承受和适应各种未来不可预测事件的系统的能力。

HR 高管在构建 HR 政策时也要考虑到政策的“韧性”问题，过于“一刀切”的政策往往是脆弱的，因为它适应不了不同的工作场景，稍微有一点特殊情况就涉及突破组织的“规则”与“框架”，需要特殊审批，这也是导致一个政策颁布下去后引来诸多抱怨与反弹的原因，如此一来，政策难以推行就不难理解了。

政策要有柔韧性，要考虑到不同场景的需求，不要面面俱到地进行“小颗粒”的约束，而是进行“大颗粒”上的约束，这样可以有迂回腾挪的空间，更有利于政策的落地与推行。老子的《道德经》里提到的“曲则全，枉则直，洼则盈，敝则新，少则得，多则惑”就蕴含了这个道理。

在团队建设上，我们同样需要进行韧性的设计，具备韧性的团队能够应对团队的变动（无论积极或消极），比如团队成员的加入或离开、突如其来的项目截止日期、技术小故障等。基于韧性的管理方式，强调保留选择余地的必要性，也强调团队的异质性。

美国商业战略和设计领域专家 Naomi Stanford 博士提出，韧性团队设计有 6 大原则：

（1）使团队具备重叠的技能组合。

（2）拥有大量交叉重叠的关系。

（3）接纳新的人员和想法。

（4）与其他团队（组织内部及外部）保持良好的关系。

（5）使用能更新团队技能的“平台”。

（6）发展团队自主权。

根据上述 6 大原则，HR 高管可以帮助业务管理者评估自己团队的组成，开发团队的韧性。

⑲ 从流量型组织走向生态型组织

林枫所在的 Y 企业是互联网创业型企业，像这样的互联网企业，大部分只是依靠一个行业的单个（或多个类似的、相关的）产品维持生存，只面对单一群体用户，比如针对企业的财务部门的财税类 SaaS 产品。

这时候，企业生存主要依靠研发、生产、销售与维护单个（或多个类似的、相关的）产品，企业的发展受到客户、数据的流量的严格约束，比较容易受到市场波动的影响。

企业在一定条件下，比如资金、人才允许，应逐步走向生态型的企业，就是做共同的设施、平台，能够让不同的相关行业在这个平台上孵化出不同的产品，形成产品集群，应从流量型企业向生态型企业发展。

这时候，企业就像是一片土地，只需经营好这片土地，保证这片土地的土壤是有肥力的，让作物处于自生长状态。比如前面提到的企业只做一个 SaaS 产品，变成提供 PaaS 平台，整合相关行业不同的 SaaS 产品，建立相互协同关系，形成一个产业生态圈。

未来的企业更多的是“平台 + 资源”的发展模式，企业若没有形成自己的生态圈，在未来的竞争中很难活下去。平台化与多元化的区别在于：多元化是所有的事情都要自己做，而平台化是用合作、共享的方式把自己的生态系统建立起来。

根据美国创新领导力中心大中华区研究总监李平、宁波诺丁汉大学博士生杨政银在《美国特种部队告诉你：一流组织是这样打造的》一文中提出，在蓬勃发展的中国经济大潮中，中国前沿企业在组织管理模式上做出了顺应时代特征的变革探索，而考察这些组织变革的思路，构建企业生态，强调“中台架构”，成为领先企业组织进化的集中趋势。

比如阿里巴巴最早提出“中台战略”，将搜索事业部、共享业务平台、数据技术及产品部分离出来组成“中台事业群”，整合资源，为“前台”的业务提供底层的数据、技术等资源和能力的支持。

腾讯2018年公布了第3次组织架构调整，最突出的内容之一就是成立“技术中台”，即成立腾讯技术委员会，通过内部分布式开源协同，促成更多协作与创新。

京东商城近年来也在大力推行“中台架构”，搭建了京东商城“中台研发体系”和京东开放平台（POP平台）“中台系统”等。

除了互联网企业，传统企业也在尝试全新的组织架构。

华为提出要打造外在的生态优势，把企业的资源社会化，社会的资源组织化，以“平台＋社区＋跨团队”的项目制，形成“纵向＋横向＋网状”的三维组织结构，来满足消费者快速变化的需求。

海尔正着力打造的“小微企业＋孵育平台＋物联网生态型企业”，初具企业生态与“中台架构”的雏形。

温氏的“农户＋公司”平台模式，是把分散在全国各地的56000多个农场连接在一起，由企业平台提供良种，并提供饲料服务、标准化养殖服务、销售服务。

未来的组织模式应当是生态型组织的范式，兼具生物生态系统的柔韧性和稳定性，并将由“三台架构”这3大部分组建而成。包括：

（1）面对目前短期目标的灵活型“前台”。

（2）面对目前短期目标的稳定型“中台”。

（3）面对未来长期目标的灵活与稳定兼顾型“后台”。

其中，“前台”的特点有：

（1）单元规模小、总体数量多是“前台”（小前端）的特色，“前台”是敏捷性要求最高的业务部门，承载着近距离接触或服务眼前客户的功能。

（2）从创新的视角来看，“前台”主要负责产品、服务的快速迭代试错，面对市场需求的极速变化与高度不确定，灵活应用现有资源与技术，逐步优化改良，其本质就是“以变应变”。

（3）“前台”还有一个次要功能，即帮助“后台”探索开发未来资源与技术，为“后台”的突破式创新提供事前的初步启发，以及事后的初步实验。

“中台”的特点：

（1）单元规模大、总体数量少的服务平台是“中台”（大平台）的特色，“中台”是敏捷性要求适中的战术性应用部门；尤其是连接众多事业部为眼前客户提供统一支撑性服务的“平台”服务，实现数据在企业各个业务部门之间的透明流动。

（2）“中台”既赋能内部“前台”（如淘宝），也赋能生态圈共生企业（如淘宝卖家）和其他客户。“中台”将“前台”的成功经验总结成为高度标准化、高度模块化的工具，为“前台”提供丰富有效的工具库。

“后台”的特点：

（1）单元规模居中、总体数量也居中是“后台”（富生态）的特色，后台是敏捷性要求最低的部门，主要负责高度前瞻性的基础研究，未来市场培育，包括商业趋势分析、长期市场预测，以及长期战略设计，特别是成为未来生态圈（包括与大学、研究所等外部合作者）的重要协调者。

“三台架构”有助于解决组织在全新的不确定性环境中面临的两个重要悖论：一是“效率/成本”（标准化）与“灵活/价值”（定制化）的悖论。二是“眼前”（短期利益）与“未来”（长期利益）的悖论。

如何打造有效的“三台架构”？可以将“网络协同”和“数据智能”双螺旋理念纳入“三台架构”，将其视为两大核心赋能机制。这两大赋能机制既可以降低成本，又可以提升价值；既可以对外赋能，又可以对内赋能。

“三台架构”赋能的要素包括两大部分：资源要素，比如实体有形资源，以及信息数据、知识技术、人力、金融等无形资源；非资源要素，比如文化、愿景、价值观、激情、领导力等软性要素。

“三台”赋能的结果既可以是盘活存量资源，比如聚集分散的资源，共享资源，降低成本，加速迭代等，也可以是创造增量价值，包括激活创新协同，跨界创新，透明合作等。

盘活存量资源的赋能可被视为低阶、低级赋能功能，而创造增量价值的赋能可被视为高阶、高级赋能功能。

一般来看是“后台”向“中台”赋能、“中台”向“前台”赋能，但“三台”均可相互赋能。

其中，“中台”对“前台”赋能，是基于数字职能，建立模块化、标准化的工具库；

“后台”对“中台”赋能，是通过基础研究提升“中台”工具的数据智能；

“前台”对“中台”赋能，主要指“前台”向“中台”提供有关眼前执行与试错的应用信息数据。

“前台”对“后台”赋能，主要体现在“前台”为“后台”提供有关未来演化突变的潜在信息数据。

组织管理模式只有跟上时代发展的步伐，才可能帮助企业立于不败之地，才可能使整个社会不因组织方式及其效率的落后而陷于低效，甚至崩溃。未来生态型组织及其“三台架构”，将成为企业拥抱未来趋势、赢得市场竞争的重要支撑。

四、第三件事：帮助CEO做好组织内部治理

20 不是靠人去保证，要用管理机制去保证

林枫看过很多创业型企业不能持续发展，究其原因，很重要的一点是这些企业没有“沉淀”，没有在企业发展过程中构建起“基础设施”，用“确定性”去应对“不确定性”。

林枫认为，HR 高管要有一项能力，就是推动管理机制、流程建设的能力。HR 高管要把日常工作中发现的问题、形成的经验及时转化、固化为管理机制与流程，确保经验得到移植与复用，而错误不会再犯。

很多企业都是依靠信得过的人去保证业务不出问题，其实这是不可靠的，真正能保证不出问题的只有机制与流程。

那么，HR 高管如何去推动形成管理机制呢？首先要去了解管理机制形成的客观规律。管理机制的形成可以用 3 个词来概括：连接、干预、调整。

一是连接。一个组织从无到有，实际上是一个连接的过程。原先各自分散、互无关系的要素，可能是人、物或信息等，由于组织的建立而相互衔接起来，形成一个整体。后来，随着组织的发展壮大，组织外的人、财、物、信息等要素不断与组织内的要素衔接。这样，相互衔接的要素越来越多，组织也不断壮大。这

些不断连接的事物构成组织，为管理机制的形成奠定了基础。

二是干预。某个组织之所以成为组织是因为有其特定的目标，各组成要素经过连接形成组织后，就要为实现组织的目标而行动。这种向一个方向前进的行动必然要求对各组成要素原有的运行进行干预，以适应组织的整体需要。

构成组织的各要素都有其原有的运行机制，而当这些要素衔接到一起后，自然要形成新的运行机制。这种新的运行机制对各要素原有运行机制是一种干预，让原有运行机制适应新的机制。

这种干预的力量形式多种多样，如规章制度、流程、动员号召、教育训导乃至潜规则等。对组织各要素原有运行机制进行干预从而形成新机制，是管理形成机制的过程。

三是调整。一个已经形成的组织必然有其已经形成的管理机制。HR 高管要分析已有的管理机制是否有利于组织目标的达成与组织效率的提升，是否有利于组织有效凝聚各种要素和资源。这时，HR 高管应该更多考虑“适不适合”的问题，而不是“有没有”的问题。

调整的目的是为了纠偏。所谓“偏”，并不是说以前的机制一定就是偏的、坏的，而是随着组织的发展、形势的变化，原有的机制已经不适应组织的新发展，需要做出调整。这时，就要对现有的运行机制进行适当的调整，以适应组织发展的新要求，并促进组织新的发展。

21

用规则去解释，而不要人去解释

HR 高管要营造组织上的规则确定感。很多时候，在企业管理中，公司在某些方面没有形成规则，或者有规则但不完善，特别是在激励政策上，往往会形成很多“博弈”的情况。

其实，就算规则不完善，也是确定下来的规则。如果因为组织内有“位高权重”的人有意见，或者他们为争取自己的利益而给 HR 压力，HR 就调整规则，这样就会产生因为“人为因素”而改变规则的现象，导致管理者与员工觉得公司不规范，认为规则是可以博弈的——如果自己觉得“不爽”，或者为自己的小团队争取利益，就可以通过“举旗起义”的方式，给予组织压力，迫使组织改变规则，造成“会哭的孩子有奶喝”的影响。

以上情况在创业型企业特别需要注意。Y 企业就遇到了这样的例子，一个区域总经理在前两个季度业绩完成得非常好，自己及所带领的团队充分享受了季度绩效奖金，但是三季度业绩几乎没完成，按照规则奖金将为零。这个区域总经理就发起抗议，用“强力”迫使组织在规则上做出调整和让步，要把奖金计算的基数定义为前三季度累计数额，而不是当季度的数额。

如果 Y 企业的 HR 迫于压力而调整或者重新解释规则，就会造成非常坏的影响。大家会形成这样的结论和判断：只要你的

“权重”足够大，就可以影响规则，甚至改变规则。面对这位区域总经理，林枫坚决维护规则的严肃性，请对方尊重组织的“规矩”，并摆出为捍卫规则“不惜一战”，终于让其意见回归本位。

当然，规则受到挑战，也是由于规则定得不清楚，或者是规则一开始就定得过于刚性，束缚了管理者在一定范围内的灵活性与自主权。

比如在项目奖的分配上，如果每一位员工的数据都是通过公式计算出来的，管理者不能对其进行任何调整，就会导致奖金规则不能适应多场景的需要。比如一位员工的项目奖由于一些客观因素拿多了，而原因主要是公司高层强力介入与支持，因此这个员工明显被过度激励了，这种情况就要允许管理者对奖金分配额度进行适度的合理调整。

企业还应该适当地在团队内部激励那些洗“盐碱地”的员工。

什么叫洗“盐碱地”呢？任正非曾在华为的财经变革项目规划汇报会上提到“盐碱地”的概念。盐碱地是盐类集积的土地，其土壤里面所含的盐分影响作物的正常生长，严重的盐碱土壤地区植物几乎不能生存。而很多市场，由于国际环境等诸多因素影响，辛勤耕耘却颗粒无收，这些地区和国家就被任正非形象地称为“华为的盐碱地”。华为的成功在于坚持不懈地推进“鸡肋战略”，在西方大公司看不上的盐碱地上，一点一滴地精细耕耘，而且为了获取薄利，华为被逼着在很窄的夹缝中锻炼了能力，提高了管理水平。

因此，好的规则是简单且有一定柔韧性的，能够符合不同场景的需要，即不同场景下都适用，管理者与员工都觉得简单而公平。

有的管理者持有一种思维定式：不能限制员工的想象力和创

造力，所以尽量不制定规则。所以，这些管理者给自己的定位就是向员工提供资源，至于年度、季度、月度目标等，员工自己定就好，免得限制了他们。

“免得限制了他们”也让不少管理者纠结，有些新上任的管理者就产生了这样的想法：反正管严了员工没活力，而且依赖性强，老板也不满意，那就让下属放手干吧。

但是，不制定规则，下属的活力就能释放吗？没有规则就不会限制员工的发挥吗？

比如交通红绿灯就是一个规则，如果没有这个规则，有谁会认为能更好地激发行人的出行动力，提升出行效率？

为了更深刻地理解规则的作用，我们看“得到”App 里的一篇文章：

纽约的曼哈顿是世界金融中心，那里的建筑都修得非常友善和克制——尽管这些楼都很高，街道也非常狭窄，但是在曼哈顿的街上能长年看到阳光，还留出了大量的公共空间供行人行走、休息。这是怎么做到的呢？

原来，1916 年，纽约市政府出台了一项规定，叫做“1916 区划法案”。规则非常简单，就是建筑越往高修，楼层面积就越小。低楼层可以占据全部用地面积，高楼层的面积就得缩小，把靠近街道这一侧的空间让出来。特别高的楼，楼顶面积不能超过用地面积的 25%。这样阳光从楼顶斜射下来的时候，就可以照到街道上了。

这本来是一个限制条款，建筑设计师从此不能随心所欲了，可没想到，这条规则居然让曼哈顿的建筑设计风格发生了一次转变，变得更美观了，并且长远地影响了世界建筑风格。

这个案例说明了一个问题，好规则不但不会限制创造力，还会屏蔽掉各种可能会跑偏或阻碍创造力的因素。曼哈顿的建筑之所以能够焕发青春，是因为“1916 区划法案”是个好规则。

那么，好规则是什么样的？好规则有 3 个特点：

（1）极其简单。

（2）边界清楚。

（3）普适坚固。

因为简单，所以规则容易被执行，能够被坚持，能够穿越漫长的时间，被一代又一代的人沿用下去。

因为边界清楚，所以规则不会限制或妨碍创造。

比如 Y 企业的奖金规则，约束了奖金总包范围，并根据贡献度将员工分成 3 档（项目经理、主要贡献者、一般贡献者），而且每个人只能归入其中一类；而每一类人员拿多少钱，主要是根据其贡献程度，只要确保相对公平即可。这样就会让项目经理在框架范围内有一定充满自主性、灵活性的分配权。

22

预防并清除组织内的“血栓”

我们发现，在企业中总有一两个关键的高层岗位，可能是 CEO 或 COO，也可能是主管某板块业务的副总裁（比如财务、人力资源、研发、营销等），当公司内其他管理层或员工谈到这个人，就会皱起眉头长叹：“唉，和这个人无法沟通。”

当你了解原因，不外乎是这个人刚愎自用，听不进去意见，任何人提的意见或建议，无论有益的还是无益的、有道理还是无道理的，都会被这个人置若罔闻，如“水过鸭背”；这样的人通常过于强势，能力巨大，碾压众人，甚至在公司内能“舌战群雄”；最可怕的是，这个人还深得老板器重。

通俗地说，这样的管理者是“情商过低”，用管理语言说是缺少管理的开放性。

当一个管理干部缺乏开放性，就容易造成封闭式、自我臆断式的管理决策，别人的意见听不进去，完全基于自身的有限经验去决策，这会对组织造成很大的负面影响。长久来说，其他部门的人都不找他了，除非迫不得已才会向其求助；而且找他总是吃“闭门羹”，无功而返，或者“火星撞地球”般“死磕”，通过极端的决裂式的沟通来解决问题。

在组织里，这样的人就好像是“血栓”，血液流不过去，流量变得很少。血液停滞、倒流或分流，血液不流通，人的身体就不会好。

在极端情况下，CEO 身旁的左右手把持着企业的重要决策与信息流动，组织的其他部位就会“罢工”，其他管理干部或员工就会苦不堪言、怨声载道，关键人才就会流失。笔者曾经看到好几位具有这种“血栓”特征的管理者造成本部门员工的大量流失，甚至是其他部门员工的流失。

以下是关于血栓的一些常识，我们阅读时可以想象一下企业这个组织体，遇到了这种情况会是如何反应，有什么严重后果，也许在读的过程中就有“带入感”。

血栓是血流在心血管系统血管内面剥落处或修补处的表面所形成的小块。在可变的流体依赖型（variable flow dependent patterns）中，血栓由不溶性纤维蛋白，沉积的血小板，积聚的白细胞和陷入的红细胞组成。

血栓通俗地说就是“血块”，它像塞子一样堵塞了身体各部位血管的通道，导致相关脏器没有血液供应，造成突然死亡。

血栓就像是游走于血管内的幽灵，一旦堵塞血管，就会使血液的运输系统瘫痪，其结果是致命的。而且血栓可发生在任何年龄、任何时间，严重威胁着生命健康。

人体的血液就像水，血管就像水管，血栓就像塞子。塞子会随着水到处游走，当管子直径小于塞子时，塞子就通不过，会发生堵塞；如果塞子将水管堵住了，那么水过不去，如果血液无法流遍全身，就会发生可怕的事情。

组织也是如此，组织需要新陈代谢，血液（信息、决策、资源等）需要正常地流到组织各处，如果不及时供应，就会影响组织的健康，以及组织对外服务的水平和质量。

HR 高管要帮助组织选好各个关键岗位上的管理者，特别是要选择那些具有开放性的管理者。如果一个管理者不具备开放性，而是刚愎自用，给组织造成的损害是巨大的。有的人适合做专家，但不适合做管理者——做专家可以给企业带来很大的价值，但是做管理者则是危害或灾难。

当组织确实出现“血栓”时，HR 高管要尽量去疏通、清除组织内的“血栓”，尽量辅导、改变这个管理者，增强对方的开放性，促进组织的良性循环；或者更换这个管理者，让更胜任的人担任其职位。如确实不能替换，也可考虑把该人员从关键或核心管理岗位转移到非关键或非核心管理岗位，这样对组织的负面影响就会降低。

㉓ 企业要有理性治理的精神

林枫在创业型企业的经历，让他深感企业需要由人治过渡到法治，再到文化治的重要性。创业企业很多都是人治——感性管理，导致不客观、不公平，从而使企业折损了很多宝贵的人才，甚是可惜。

管理水平的高低决定着企业内的几乎所有事情，包括产品的质量水平、人才价值的发挥等。不仅仅是对于规模大的团队（比如几千、几万人的团队）来说管理才重要，几人、几十人、几百人的团队，管理也同样重要。

管理好的团队，与管理不好的团队，其运作效率、质量、氛围，甚至团队“气质”都是不同的。

企业要不断提升各层管理者的管理能力，同时也要不断把好的管理经验、方法固化或沉淀下来，成为制度、流程、机制等，让其稳定、持续地发挥作用。

没有管理积累与沉淀的公司，其发展是很可怕的，就如华为CEO任正非所说：“一个组织没有‘记忆’，是很容易垮掉的。管理质量上不去，什么都上不去。”

林枫认识到，创业企业的通病是江湖文化、意气驱动、野蛮生长，不是基于事实、专业与角色来度人处事，而是充斥着对规则博弈，带着强烈主观色彩，用“怼”来解决问题，伤害的终究是企业的底层文化，动摇了企业发展的根基。

当然，任何管理都是有成本的，因此管理要有效，制度流程制定出来是为了解决问题的。组织要有简化管理的能力，管理的目的要纯粹；最有用的管理，就是客观、简单、直接的管理。

企业的规模越大，要走得长远，越需要一种理性治理的精神，理性治理需要从制度与流程建设着眼。只有通过理性的制度、组织决策、管理机制与流程、分工与协作保障，才能最大化地确保企业在大方向上决策的正确性，发展的稳健性、持续性、一致性。

因此，企业呼唤理性治理的精神与机制。

如今公司治理已经由以前的股东转向了利益相关者：

（1）对客户：公司存在的目的就是为客户提供优质、安全、价格合理的产品和服务。

（2）对员工：企业存在的目的就是为员工提供健康、安全的工作环境、公平的报酬和令人鼓舞的就业和发展机会。

（3）对投资人：当然要为投资者创造足够的投资回报。

（4）对整个社会：企业必须履行环境保护的责任，必须为社会创造财富，推动社会进步。

以上这些虽是常识，但很多企业是远远偏离的。广泛的公司治理定义就是“要满足利益相关者的需求，实现共赢”。公司治理使公司成为真正的公司，最大限度地为股东和社会创造财富，推动社会进步，推动人的进步，这是普世性的东西。

健全公司治理的意义非常重大，中国的企业要走向世界，要成为全球可信赖的企业，就必须在公司治理方面成为全球的标杆。没有一流的公司治理，就不可能成为一流的企业，就只能是二流的甚至是末流的企业，高质量的公司治理是立足于全世界，使中国成为全球强国的根本。

企业成功和基业长青的基础就是公司的理性主义。理性主义有两个层面：一是价值理性，做正确的事情；二是工具理性，如何把事情做得更漂亮。现代西方社会崛起的基础就是理性主义，是理性主义使现代西方社会摆脱了中世纪的蒙昧主义。没有理性主义就没有现代化，就没有现代社会、现代经济、现代的企业。

理性企业有两大要素：一是人文主义，由此验证了公正、自由、平等、民主、人权等普世的价值观；二是科学主义，包括技术手段、科学实验、教育等。

企业的很多创新都不是高科技的创新，首先是制度、组织的创新。

卓越的企业要真正基业长青，就必须实现价值理性，要以人为本，坚持利益相关者导向；在工具方面，必须践行科学主义，坚持创新。好的企业是将二者完美结合在一起，然后融化到企业的每一个角落、每一根神经上。

成功的企业运作有几个基本特点：一是有正确的利益相关者排序，即客户第一，员工第二，股东第三；二是注重诚信、公正、品牌；三是专业主义，业务和操作方面精益求精，不断学习，不断创新，不断提高企业的核心能力。

列夫·托尔斯泰说：“幸福的家庭都是相似的，不幸的家庭各有各的不幸。”类似的，很多失败的企业各有各的原因，而基业长青的企业都是相似的——坚持不懈地努力实现价值理性和工具理性，优劣企业最大的差距就体现在两种理性的差距上。

公司内部治理的根本是组织文化。要确立理性的公司治理文化，使其成为公司的软实力。HR 高管要帮助 CEO 进行理性主义的价值观的修炼，因为要打造一个伟大的企业，必须有一套富有远见、符合企业状态、高层理性的公司价值观，这是成功企业的精髓。

如果不能把精神的升华变成企业所有员工的行动，企业就不可能走远。因此，理性公司治理是企业进步之道，谁能够成为实践者，谁就能成为长跑者和胜利者。

24 对相关利益方的掌控力度

HR 高管要注意构建组织对相关利益方人员的掌控机制，形成一定的掌控力度，即公司对不同关键业务阶段团队的掌控力度。比如对 Y 企业而言，对销售、交付、回款团队的掌控力度是最重要的，其次是对财务、人力资源团队的掌控力度。

如果公司不能对相关利益方进行有效的管控，随着时间的推移，这种掌控力度会越来越弱，最终会导致公司难以掌控全局或某个局部，使公司进入积重难返的局面。

某个连锁企业的分店中，店总及核心管理层都是有股份的，算是“小老板”。这些“小老板”在创业初期阶段很有激情与动力，但到了一定阶段，初期的激励效果消失，时间越长，惰性越大，“小老板”们躺在功劳簿上“吃旧粮”，进入一种难以驱动的“疲态”，导致总部在对分店下达任务时，其执行力大打折扣，难以掌控与再驱动。

HR 高管要帮助 CEO 在一开始就设计好内部组织的掌控机制、利益分配机制，如果一开始没设计好，后面再纠正就比较困难。

某集团企业对内部各子公司不断免费输送中高端，甚至低端人才，导致集团总部的招聘人员、招聘费用剧增，再改变为向子公司收费的模式就难上加难了。

林枫也看到过，有的企业由于组织内某高管“一权独大”，导致公司无法管控；领导滥用权力，大幅任用亲信，经营持续倒退，回天乏力。

所以，HR 高管要帮助 CEO 建立公司合理的治理结构，特别是高层利益格局与利益结构，构建对权力的制约机制，避免由于某些角色权力过大而失控，这时候对公司高层进行适当的权力平衡是很重要的。权力一定是需要制约的，这也是保护掌权者的一种方式，适当地对组织权力进行重新再分配，达到权力平衡的最佳局面，从而长远维持组织的稳定与发展。因为权力的失衡一定会对组织产生负面的影响，甚至引起组织之船倾覆。

华为很注重放权，同时一定有同步的权力制约，任正非曾在内部讲话中提到：“既要坚定不移地实行权力下放，同时也要有相应严格的制度制约。企业发展壮大要求权力进行不断地再分配，要不断地下放，这样才能产生更多的资源去充分利用，但是如果对下放的资源不实施制约，任其放纵自流，就会产生腐败。权力既要下放又要制约，这是一个辩证的矛盾。虽然权力在下放过程中被某些不道德的人利用犯了错误，但权力仍要继续下放，要相信绝大多数干部的品质是好的。高薪不能养廉，要靠制度养廉。如果员工假积极一辈子，就是真积极。所谓假积极就是因为制度制约了他。虽然在制定流程过程中存在经验不足的问题，但是如果不采取这种权力下放再制约的推动，我们就永远建立不起有效的管理体系。”

当然，我们也要看到掌控力对于领导者与管理者工作有利的一面。作为领导者与管理者，必须对自身团队有一定的掌控力、对所处局面有一定的掌控力，缺少掌控力无法有效产出业绩、绩效。

对HR自身团队，HR高管在自身工作范围内首先要具有掌控力，能够掌控全局，适应并驾驭变化的局势，进而领导全局。也就是说，一定要做自己能够控制的事情，这样才是成功的领导者。

掌控，顾名思义，即为掌握、控制，在力所能及的范围内主持、控制，能够预测和了解事物，并决定其结果。掌握对象并使其不任意活动或者超出一定的范围，使其处于自己的占有、管理或影响之下。

掌控力即能够控制目标对象的能力。这种能力是对事物的起因、发展及结果的全过程的一种把握。它是一种内在驱动力，潜藏在每个人的身上，它是“个人能量”。

对于企业来说，掌控力就是领导者、管理者为了保证组织目标的实现，对下属工作人员的实际工作进行衡量和评价，并采取相应措施以纠正各种偏差的一种能力。其中，还包括对资金、市场、消费者的掌控，对事业格局的规划，对权力的运用，找准团队核心的竞争力……说到底，就是对全局的把握，使其时刻处于自己的控制中。

当你能够成功掌控时，此时所拥有的掌控力可以使你顺利地完成手头的工作，让你在处理问题的时候灵活而富有主动性。

掌控力对于领导者来说，是一种至关重要的能力，是领导者把握中心、驾驭全局的重要体现。做好领导者，首先要做好一个掌控者。

而掌控始于规划，这是掌控的前提条件，也就是通过控制关键因素来控制全局。一个领导者的主要责任是确立目标，选择战略和进行重大决策。

掌控全局者具体如何履行职责、承担责任，因时、因地、因事、因人而异，千差万别，没有统一、不变的方法与手段。但最重要、最关键、最可贵的，在于具有良好的判断力与规划力，随时随地都明白自己究竟应该懂什么、会什么、做什么，凡事都能迅速做出正确的判断与反应，化解难题。一个不能很好地判断局势、规划全局的领导者，只见树木不见森林，将无法积极有效地配置各种资源，使其合理地发挥效用。

㉕
帮助 CEO 发展“战略定力”

与企业家、创始人接触越多，林枫越认识到企业 CEO 的战略定力是极为重要的。CEO 就是企业的中流砥柱、精神根基。他的战略判断，并对该判断的坚信、坚持、推动落地，让人不断看到积极而美好的改变，是企业所有干部、员工的信心之源。

HR 高管作为 CEO 的左右手，要时刻站在 CEO 的身边，帮助他看清楚、看准确方向，做他的坚强后盾，成为其勇往直前的护航者。

有一个词叫“知止”，“止”是终点的意思，因为你知道终点，所以才知道路该怎么走。

“知止”源自《大学》里的一句话：“知止而后有定，定而后能安，安而后能虑，虑而后能得。”大部分时候，“虑”可以理解为思考和计划，是所谓的战略规划，而“虑要有所得”，前面还有这么重要的三步：止、定、安。

CEO 最难的是什么？“耐得住寂寞，挡得住诱惑”。而这两个的前提都是知止、能定、有安，有这三者才能有虑，因为心安才能虑、得。看得越清楚，才越不为外界所惑，越能够形成自己的判断。

所谓“定力”，就是一种坚定、稳重、执着的力量，主要指一定主体的状态、性格、气质等。“战略定力”是指一定组织及其领导者的定力。

“战略定力”，首先是体现在战略目标的设定上面，体现为明确的战略目标。任何战略都有自己的总目标，一切战略上的部署都是为了达成这个目标。

战略目标不仅要明确，更要正确，这是更重要的。很多企业因为战略目标错误而导致重大失败，也有很多企业因战略目标设定正确、合理而取得最终成功。

基本的战略步骤的确定要慎重，要经过认真测算和反复论证，然后加以确认。而在经过这样的确认后，就要保持稳定，不能随便改动。所谓“战略定力”，在此就体现为对战略步骤的确认和持守，而且必须通过战略谋划来避免大的战略风险，特别是那些颠覆性的风险。

战略的设计和谋划完成之后就是战略实施。只有将制定的战略付诸实施，才能实现最后的战略意图。因此，关键在于实施，而实施的关键又在于执着。这是“战略定力”的落脚点和归宿。战略的实施是一个长期的过程。如果说制定正确的战略并不容易，往往需要相当长的时间来考量和反复研讨，那么战略的实施则需要更长的时间。

曾国藩就是一个很有战略定力的人。李瀚章在评价曾国藩时曾说：“其过人之识力，在能坚持定见，不为浮议所动。”北京大学国家发展研究院的宫玉振教授说：“曾国藩这个人的过人之处，在于一旦看准了，就能够坚持定见，不为种种浮议所动摇。”换句话说，就是战略定力极强。

曾国藩曾说：“凡发一谋，举一事，必有浮议摇撼。”就是说，凡是提出一个计划，开始一个行动，一定会有各种各样的议

论来动摇你的决心。

“凡事皆有极困极难之时，打得通的，便是好汉。”如果刚刚受到挫折，或者听到别人不切实际的议论就心情沮丧，改变计划，那是成不了事的。

对于经营者而言，业务是变动的，外部环境是变化的。因此，也许企业CEO容易变化，容易受到不确定性环境的影响。而人力资源工作是相对稳定的，组织能力是稳定地支撑着企业发展的，所以HR高管更能从稳定的视角去看待企业的发展，更能看到一些底层的、本质的东西，比如人性、文化、组织规则等。

HR高管应抱有一种坚持、一种定力、一种意志、一种“倔强之气”，在企业CEO需要的时候，或者在他被行业竞争逼得往后退的时候，能够用手拍拍他的肩膀，告诉他：“放心，领导，我在这里，我带着队伍和您并肩作战。”

㉖

帮助 CEO 做好组织治理

身处创业公司的 HR 高管，还要重点帮助公司做好组织治理。

比如 Y 企业采用了合伙人制度，在董事会、股东会下设有战略委员会、经营委员会和组织发展委员会，针对战略问题、组织发展问题或者事业部经营的问题，有不同的管理权限、决策机制和不同的决策人，通过公司治理，把公司的决策层、经营层、管理层和执行层定义好，并设立不同的机制和权限。

决策层是定方向的，关注的是“我们要去哪”的问题；经营层关注的是我们要做什么和怎么做；管理层关注做得怎么样，更多是对标准的关注；员工层更多关注的是执行。

在《CEO 只做 5 件事》一书中，作者马特・布隆伯格提出，在创业型企业里，CEO 应该只做 5 件事：

（1）定义创业愿景。

（2）构建公司的人力资本。

（3）执行。

（4）建立并领导董事会。

（5）管理自己，以便管理他人。

所以，HR 高管应该帮助 CEO 达成以上 5 件事情，其中建立并领导董事会就涉及公司治理的事情，而构建公司的人力资本则是组织建设的事情。

战略决定组织，具有战略意义的关键业务、新产品、新项目应当在组织上有明确的承接负责单位。组织的建立应当：

（1）有利于强化责任。

（2）有利于简化流程，快速响应客户的需求和市场的变化。

（3）有利于提高协作的效率，降低管理成本。

（4）有利于信息的交流，促进创新和优秀人才的脱颖而出。

公司的基本组织结构将是一种二维结构：按战略性业务划分的事业部（包括产品及项目）和按市场划分的区域公司（包括各区域及门店）。

企业使命愿景的实现和战略目标的达成，最终依赖于高效的组织和干部队伍；由组织带来的企业关键能力，也是企业最不可替代、最不可模仿的核心竞争力。

组织经营包括组织政策、组织结构、组织纪律、组织氛围、制度建设、流程规范及授权等内容，是理清组织规则、提高组织效率、实现企业战略目标的根本保证。

建立及完善各职能模块、各专业领域、各管理要素等方面的制度体系，是企业实现从个人决策向组织决策转变的必由之路，降低对人的依赖，才能实现企业的长期可持续发展。

27

你扎得最深的树根是什么

企业要建立自身的核心竞争优势，就要明白自己的基因是什么，而且不断去强化，让这一差异性成为自己的护城河。

比如华为手机选择了最难走的一条路——通过基础研发和技术创新为消费者带来价值。这是扎得最深的树根，也是变得伟大的秘诀。

企业一定要努力培植自己最深的树根，找到自己独一无二的基因，将这种差异化的专业优势不断深植、强化，形成机制、流程，固化并沉淀到 IT 系统中，成为包括核心干部在内的全员的思维与行为惯性，并且不断在企业机器的运转过程中加强、加厚这种优势。这种优势还可以在边打仗的过程中，边总结、边建立。

不仅是企业整体，企业的某条产品线也是如此，要重视核心优势。产品线负责人要有商业意识，懂行业业务，并有技术背景。

比如先看商业计划，是否做到“人无我有，人有我优，人优我特，人特我转”。其含义是：成为一个比别人做得更好、做得更早、做得更新、做得更清醒的人，一个懂得如何创优创新、抢占先机并及时抽身的人。

“人无我有，人有我优，人优我特，人特我转”的生意经出自《卖爆米花的小男孩》，故事概要如下：

在美国伊利诺伊州的哈佛镇，有群孩子经常利用课余时间到火车上卖爆米花。一个10岁的小男孩也加入了这一行列。他不但卖爆米花，还往爆米花里掺入奶油和盐，使其味道更加可口，结果他的爆米花比其他小孩卖得好。因为他懂得如何比别人做得更好，创优使他成功。

当一场大雪封住了几列满载乘客的火车时，这个小男孩赶制了许多三明治拿到火车上卖。虽然他的三明治做得不怎么样，但还是被饥饿的乘客抢购一空。因为他懂得如何比别人做得更早，抢占先机使自己成功。

除了核心优势外，商业计划还要说明“在什么节点，做什么东西，花多少钱，有什么绩效成果”。商业计划中的预算是要基于客户的预算来做，各个团队要有经营成本意识。

㉘
建立企业管理优势的“屋子理论”

管理的优势是企业最大的优势，也是最难以超越的。

正如林枫最欣赏的企业家任正非所言：“华为留给公司的财富只有两样：一是管理架构、流程与 IT 支撑的管理体系；二是对人的管理和激励机制。”

任正非说：

“规模是优势，规模优势的基础是管理。大规模不可能自动带来低成本，低成本是管理产生的，盲目的规模化是不正确的，规模化以后没有良好的管理，同样也不能出现低成本。华为曾经是一个‘英雄’创造历史的小公司，正逐渐演变为一个职业化管理的具有一定规模的公司。淡化英雄色彩，特别是淡化领导者、创业者们个人的色彩，是实现职业化管理的必然之路。只有管理职业化、流程化，才能真正提高一个大公司的运作效率，降低管理内耗，要扎扎实实建设好一个科学管理的大平台。

“未来的竞争是管理的竞争，要在管理上与竞争对手拉开差距。

“在互联网时代，技术进步比较容易，而管理进步比较难，难就难在管理的变革，触及的都是人的利益。

“如果对方是持续不断地管理进步，而我们不改进，就必定衰亡了。”

如何为企业建立管理优势，并形成管理体系，林枫认为可以用一个简单的“屋子模型”来做比喻，这个屋子的结构就是：屋顶是企业战略体系，而柱子是业务管理体系、干部管理体系、组织决策机制，而企业文化体系则是地板。

在这个“屋子模型”中，主要强调的是支撑企业战略达成，有几项最关键、最坚实的支撑，这几项支撑是最重要的，却容易被企业CEO忽略，而HR高管应该帮助CEO持续在这几个方面进行投入与建设。

(1) 企业战略体系。

企业的战略体系包括如下方面：

- 战略思想：是指指导经营战略制定和实施的基本思想，它由一系列观念或观点组成，是企业领导者和员工对经营中发生的各种重大关系和重大问题的认识和态度的总和。
- 战略目标：是以企业战略思想为指导，根据主、客观条件的分析，在战略期内努力发展的总目的和应达到的总水平。
- 战略重点：是对于实现战略目标既有关键作用又有发展优势或自身需要加强的方面。
- 战略方针：为贯彻战略思想，实现战略目标、战略重点，所确定的企业生产经营活动应遵循的基本原则、指导规范和行动方略。
- 战略阶段：是根据战略目标的要求，在规定的战略期内划分的若干阶段，以便分期实现总的战略目标的要求。因为战略目标需要划分为不同水平的目标，分阶段去实现。
- 战略对策：为实现战略目标而采取的重要措施和重要手段。

以上战略体系的要素中，最重要的就是战略目标体系管理，包括公司中长期的战略目标以及短期的经营管理目标。不仅包括企业整体的目标，还包括各个业务领域或部门的目标；既有定量的目标，又有定性的目标。

（2）业务管理体系。

操作层面，企业要考虑业务流程是如何运转的，业务“支柱”是如何支撑公司经营目标达成的，业务体系是否完善、功能是否齐全、能否正常地发挥作用等。

所谓的业务管理体系，可从 4 个方面来展开，分别是流程、考核、会议、报表。

一是流程。任何一项业务，都少不了流程。流程可以确保操作的标准化和规范化，是运作平稳的基础和保证。根据业务的性质和特点，我们可以制定出各种主要流程，如产品立项流程、研发流程、运维流程、销售管理流程、交付流程、采购流程等。

流程机制是确保组织中长期良性运作的重要因素，其目标是让组织往交付效率最高化、成本最低化、风险最小化的方向发展。

在流程机制部分，组织是如何制定出一项决策机制是首位的。企业要有一套机制，确保做出这个决策是充分理性的。也就是说，这个决策是在综合考虑各项内外部资源约束与风险之后，得出的回报最大、风险最小、相对最优化的决策。

当组织决策是健全的，就会确保组织做出的每一项决策都是相对最优的，那么就为企业铺就了一条正确的道路，并一步步往前延伸。每一次决策前，也许我们很难看清楚很远的不确定性的未来，但是如果我们每一次都能够迈出“正确的下一步”，而无数的“正确的下一步”就能够引领企业走向成功的未来。

二是考核。没有考核就没有管理。考核能够激发和约束团队成员和合作伙伴的行为，确保各项流程制度能够顺利执行。值得注意的是，考核标准一定要符合公司的战略，同时要符合部门的现状和氛围，否则只会弄巧成拙，不仅起不了考核作用，还会破坏团队的氛围，加大与合作伙伴的矛盾。总之，考核一定要符合实际情况，要量化，要统一标准，体现公平和可衡量性。

三是会议。简短而高效的会议，本身就是一种有效的沟通方式。会议一定要有计划、有目标、有互动、有结论、有纪要、有跟进。

- 有计划：就是要明确一年、一月、一周开几次会，主题是什么，这些要有计划并成文列示；
- 有目标就是开会有主题。
- 有互动：就是会议不是领导一个人在讲，要看看大家有什么意见或看法。会上都没意见的会议，绝对不是一个有效的会议。
- 有结论：就是会议最后一定要有输出、有结论，没有输出的会议是无效的会议。
- 有纪要：就是会议结束后要有会议纪要。
- 有跟进：即遗留事项要有责任人落实，下一次会议先要回顾上次会议需要跟进的事项。

四是报表。日常业务管理离不开报表，规范的报表体系会使管理变得轻松，也使监控和上下沟通变得畅通。根据业务的特点，可以制定各种各样的报表。在这里，需要强调的是，报表数据的搜集、报表设计、发送对象、发送频率等，需要统一规范。

（3）干部管理体系。

干部队伍建设是很多企业容易忽略的，但成功的企业都是有着足够的干部“厚度”的，有着一支忠诚度够轻、价值观过关、业务能力过硬、士气高昂的干部队伍。

在具体操作层面，企业要考虑培养什么样的干部（即干部标准），如何培养与管理干部，干部梯队如何建设，干部的保留与激励等问题。

• 干部标准方面，要明确干部需要什么样的资质条件、素质、能力、业绩、价值观等。

• 干部来源方面，要建立自己的子弟兵队伍。子弟兵一方面要考虑从优秀的应届毕业生中补充；另一方面可以从企业内外部有成功经历且文化融合的人群中选拔。

• 干部培养方面，就是让人才不断在企业熔炉里轮岗历练，不断在各个岗位进行磨炼，达到对企业各业务领域端到端实战经验的积累。

• 干部管理方面，就是干部的任免、调动及弹劾等，还包括干部行为的红线与警戒线。

• 干部梯队建设方面，就是干部接班人问题，如何培养接班人，其方式、流程、周期是怎样的，最终要形成干部的横向与纵向多个储备，形成多梯队、多路径的干部梯队。

• 干部的保留与激励方面，优秀的干部能够得到准确识别、晋升发展，并且获得足够的激励，包括物质激励、非物质激励（荣誉激励）。

干部是最重要的人才资源，只有干部队伍建设完备了，企业才有抗风险能力；干部队伍变“厚”了，才有底气应对充满不确定性的经营环境。所以说干部强则企业强，这是毫不过分的。

优秀的干部是企业的中流砥柱，也是企业战略决策贯彻执行的组织者和推动者，上接战略，下接绩效，是企业管理最关键的一个环节。所以，企业管理干部的价值观、使命感、执行力、领导力至关重要。

企业特别需要解决中层领导力的体系化问题，明确中层管理者的责任和权利，建立体系化的培养方法，并且加强中层管理者组织文化建设。对中层管理者进行定期盘点、考核，系统化地解决在一定管理位置上不能胜任的人，从而给年轻人更大的成长空间。

（4）企业文化体系。

企业文化是在企业的核心价值体系的基础上形成的，具有延续性的共同的认知系统和习惯性的行为方式等。

文化理念、文化制度、文化行为和文化物质是企业文化建设的四大内容。

- 文化理念是企业的价值观念、思维方式等主观因素，使命、愿景、核心价值观是文化理念的核心元素。
- 文化制度是企业各类标准、流程、规范的总和。
- 文化行为是指企业内部的员工行为习惯、共同行动模式及明确的价值行为选择。文化行为评价模型是文化行为化的基础。
- 文化物质是可触知的、具有物质实体的文化事物，主要包含企业创造的产品、服务、企业可视化 VI 形象等。

文化是一种无形的推动力，能够填足制度到达不了的地方。文化对一个组织而言，其意义就如同人格或性格之于个体。我们可以看到行为的结果，但是我们通常不能看到导致某特定行为的背后驱动力，正如我们的人格和性格指导并约束着我们的行为一样，文化同样也通过组织的共有规范指导和约束着一个组织中成员的行为。

企业文化要对企业战略的达成实现高度的支持作用，这是打造文化的根本出发点和本质要求。比如企业提出“创新”的企业文化，那么就必须在价值观、制度、思维等方面进行打造，确保营造一个支持创新的环境。如果企业高喊的口号是一个创新型组织，但内部的文化却是否定失败、打压失败、处罚失败，那么在这样的文化氛围下，企业所期望的理想战略是很难实现的。这就是文化的根本性作用所在：匹配了，文化形成助力；不匹配，反而形成阻力。

某知名企业在内部纲领中提到："我们以时代使命感、社会责任感驱动企业发展，以价值观指引企业行为，以文化战略不断引领企业跨越发展周期和瓶颈，通过独特的企业文化体系，打造企业烙印，构筑企业灵魂。"

的确，资源是会枯竭的，唯有文化才会生生不息。成为一家卓越和伟大的公司不容易，而企业的卓越和伟大一定是因为企业文化。

五、第四件事：有效赋能企业管理者

29

管理者“不能胜任”的后果

林枫看到组织内有的管理者由于缺少管理能力，团队没管好，而公司不断迁就不能胜任的管理者，把其团队进行分拆，让另外一位管理者来负责其下面的一部分业务与团队，结果发现仍不能胜任，反而导致这两个团队之间相互扯皮并争夺资源，进而又在这两个管理者上面新增了一个高管来平衡。这个高管为了更好地开展业务，掌控局面，又把组织进行了合并。而在这一分一合的折腾中，大量优秀的人才因为受不了组织反复折腾而流失……从中可以看到，组织为了一位不能胜任的管理者，付出的代价多么大。

管理者“不能胜任”的后果是什么？最直接又常见的结果就是组织人员不断增加。因为其不胜任，就会把原因归根于人手不够，用增加人数来掩盖业绩的差距。

发现不能胜任的管理者，不能通过调整组织、增加人员来迁就这个管理者，而应该单刀直入，解决这个管理者自身的问题，比如对这个管理者进行辅导、调岗、降职甚至劝退等措施，而不应该让组织为这个管理者的不胜任“买单”，导致“买单”的代价越来越大，以至于最后成为组织无法承担之重。

这些不能胜任的管理者为了维护既有的管理地位和权力，常常会以各种理由和借口来阻止新的管理理念和方法的执行，通常表现出以下特点：

（1）认为工作太忙，而且把自己的工作安排得很满，以在更高领导面前表现自己的工作能力强，无人可以替代，从而可以模糊公司领导视线，让领导层感到管理者兢兢业业，如果要改变势必打击管理层士气。

（2）没有时间培育部属，导致下一级的人才很难培养起来。事实上，他们担心的是培育部属会提高其职业能力，威胁到自身的地位。

（3）管理者事必躬亲，担心如果不这样，任何工作都不能顺利进行，其实这样就可以控制每个细节，也显得自己敬业，但是组织整体的运营效率却受到极大的影响，从而导致管理陷阱的产生。

管理者不胜任在很多企业的各业务领域都比较常见，这跟企业的用人制度有着很大的关联。在那些管理层保持周期性流动的企业，能通过让管理者流动到不同部门、分公司、子公司，逐步使其能力得到改善与提升。另外，有魄力的企业敢于破格提拔使用那些在低一层级干得不错，并善于自我学习，愿意接受挑战的基层管理者。

林枫发现，管理能力有3项特质特别容易被忽略：

（1）自律。就是管理者能约束好自己，以身作则。比如某高层每天早上10点多，有时到中午才来上班，导致下面的员工有样学样，10点多大片的办公区才有几个员工，部门的生产效率不低才怪。

（2）开放性。由于管理者不够开放，导致员工与其沟通没有效果；管理者听不进别人的意见，导致下属觉得与其沟通一点用处都没有，索性再也不沟通了。

（3）理性决策。很多管理者是一拍脑袋就决策，不做充分、全面的分析，不懂整合集体的意见与智慧，不会基于理性与原则进行决策，导致管理决策失误。管理者决策失误的根源，可能是管理者判断力与规划力偏弱，或者不会“灰度”决策，非黑即白等。

30
做好管理者及员工的价值管理

新人初进公司时是有特殊价值的，是需要被管理的，以便使其价值得到较好的发挥。如果顺利渡过了第一个价值周期，就要考虑第二个周期的价值管理，然后是第三个周期、第四个周期……通过滚动式的周期价值管理，持续激发管理者与员工的潜能，减少或消除惰怠现象，这对激活组织与个体都是非常重要的。因此，企业要重视管理者及员工价值的周期管理。

知道人才的优势在哪里，他的优势在什么场景下能够发挥，他的潜能在什么挑战下能够被激发，目前价值周期处于哪个阶段，被发挥得如何，价值曲线是向上还是向下，是否处于价值曲线的最低端或最高端……这些问题都是企业 CEO 及 HR 高管应该不断追问的。

我们希望管理者、员工的价值曲线始终处于上升状态，如果发现其处于下降状态，就要考虑其岗位轮换或调动，以及寻找接班人，特别是如果其处于价值曲线最低端，到了没有价值贡献的状态，就需要马上启动人才的更替计划。

所以，企业应定期对内部管理干部进行价值曲线与能量曲线的盘点，在最合适的时候，在最合适的平台上，发挥出人才的最大价值。这样就能确保干部永远是处于被激发的状态。

除了管理者，员工也是同样的道理。管理干部应主动与本部门核心团队讨论人才的价值发挥问题，让人才的价值得到最大化发挥。

哈佛大学商学院教授迈克尔·波特于1985年提出人力资源价值链（Human Resource Value Chain）的概念。人力资源管理的核心主要是价值链管理。这条价值链上有3个主要环节，价值链在经济活动中是无处不在的，上下游关联的企业与企业之间存在行业价值链，企业内部各业务单元的联系构成了企业的价值链，企业内部各业务单元之间也存在着价值链联结。价值链上的每一项价值活动都会对企业最终能够实现多大的价值造成影响。

波特认为，“每一个企业都是在设计、生产、销售、发送和辅助其产品的过程中进行种种活动的集合体。所有这些活动可以用一个价值链来表明。”企业的价值创造是通过一系列活动构成的，这些活动可分为基本活动和辅助活动两类。基本活动包括内部后勤、生产作业、外部后勤、市场和销售、服务等；而辅助活动则包括采购、技术开发、人力资源管理和企业基础设施等。这些互不相同但又相互关联的生产经营活动，构成了一个创造价值的动态过程，即价值链。

波特的“价值链”理论揭示，企业与企业的竞争不只是某个环节的竞争，而是整个价值链的竞争，而整个价值链的综合竞争力决定企业的竞争力。用波特的话来说，“消费者心目中的价值由一连串企业内部物质与技术上的具体活动与利润所构成，当你和其他企业竞争时，其实是内部多项活动在进行竞争，而不是某一项活动的竞争。”

而对于人力资源价值链来说，它包含价值创造、价值评价、价值分配3个环节。

第一个环节是价值创造。价值创造强调的是创造要素的吸纳与开发。它要求人们确定这样一种理念：知识创新者、企业家和员工是企业价值的创造者，而其中的主导要素是知识创新者和企业家，尽管他们的人数不到企业的20%，但他们却创造了企业80%以上的价值。因此，企业一定要注重吸纳一流人才，同时注重通过开发提升员工的价值。

第二个环节是价值评价，强调的是要建立科学的价值评价考核体系。价值评价的基础是人才对组织的价值贡献。

价值评价是价值分配的前提，价值评价做好了，有了客观公正的评价，价值分配才会更加科学合理。价值分配合理了，不会让员工“不患寡而患不均”，员工就充满了动力，然后就会充满激情地去创造更大的价值。

在《以奋斗者为本》一书中，呈现了华为的人力资源管理纲要：

- 价值评价的任务，是建立企业的公正，而为价值分配的公平提供依据。
- 核心价值观，是对工作态度做出公正评价的准则；明确的挑战性的目标和任务，是对工作成果做出公正评价的依据；员工在本职工作结果上表现出的能力和潜力，是比学历更重要的评价能力的公正标准。
- 坚持责任结果导向，是价值评价客观性和公正性的保证。华为公司只推行一个价值评价体系，体系主体是责任结果导向，导向为客户提供有效服务，导向客户满意，导向公司核心竞争力提升，导向公司战略落地。一句话，导向为客户创造价值和为公司创造商业的成功。华为以这个价值评价体系来分层、分级度量所有员工，使内部矛盾得以摆平。
- 我们的目标不是要培养科学家，是要培养商人。这就是我们的价值评价体系，是围绕种庄稼、打粮食，讲究坐实。

● 我们要将为客户提供有效服务，作为工作的方向、价值评价的标尺。

第三个环节是价值分配。价值分配的内容不仅包括工资、奖金、红利、股权，还包括职权、信息、机会、学习等，其中最重要的是企业薪酬体系的设计。

从激励的角度看，人力资源价值链的 3 个环节具有环环相扣的内在联系。可以说，激励的依据是价值评价，激励的手段是价值分配，而激励的目的在于使企业价值的创造者发挥主动性和创造力，从而为企业带来更多的利益。

㉛ 把时间花在行动上而非数据分析上

Y 企业的高中层管理者经常把大量的时间花在数据分析上，甚至每个周末高管团队都用一天时间来进行经营数据分析。

在这样的经营分析会上，林枫发现大家很多时间都是在发散性地讨论问题，训斥业务管理者及员工；有时候也制定了解决方案，但没有跟踪解决方案。解决方案不等于行动方案，没有行动方案的支撑，解决方案是无效的或不起作用的；有了行动方案，还要有检核或跟进计划来确保行动方案得到实施，并且实施要有效果，要真正对问题起到改进作用。

组织要把更多的时间花在行动上，以及推动结果的实现，而非数据分析上。企业业务的大致方向正确即可，走好了正确的一步，再看下一步。有时候没必要想得过于长远、面面俱到，因为计划赶不上变化，也许形势的变化会与最初的假设相差甚远。

林枫提倡行动学习、行动领导力。

行动学习法又称“干中学”，就是通过行动来学习。比如让受训者参与一些实际工作项目，或解决一些实际问题，如领导企业扭亏为盈，参加业务拓展团队，参与项目攻关小组，或者在比自己高好几个等级的卓越领导者身边工作等，来发展他们的领导能力，从而协助组织对变化做出更有效的反应。行动学习建立在反思与行动相互联系的基础上，是一个计划、实施、总结、反思，进而制定下一步行动计划的循环学习过程。

最有效的领导力应该是行动领导力，或“以行动为中心的领导力”。

以行动为中心的领导力是 1973 年由“领导专家”John Adair 首次发布的模式。如此定义它，是因为它突出了领导者在管理团队时必须采取的关键行动。它将这些责任分为 3 个关键领域：

（1）完成任务：实现团队的目标。

（2）组建并保持团队：开发和建设团队，使其更加有效。

（3）个人发展能力：帮助个人发挥自身在工作场所的全部潜力。

如果领导人希望他们的团队取得成功，领导者必须平衡 3 个关键领域的行动。这些领域是相互依存的，如果一个领导人对一个领域关注太多，而忽略了另外两个领域，那么这个团队就会遇到问题。

不重视任务的工作团队，往往都会受到不良的工作关系的困扰，同时也会影响到团队成员个人能力的发展。而如果领导者过于强调任务的完成，虽然可能会在短期内达成目标，但如果是以牺牲另外两个方面的平衡为代价，则该领导者会因其专制的行为而使得团队成员丧失发挥的余地，导致人员流失率增高。因此，领导者应该对这 3 个方面都给予关注。

32
领导是一切的中心与源头

组织的一把手是最重要的，从某个角度上说他是组织一切的源头。我们看到的组织与团队文化，其实都是领导人的外化，他就像是一颗种子，这些东西都是由这颗种子生长出来的。

有一家企业，内部组织架构、人际关系极为复杂。究其原因，就是CEO多疑、对人才不信任、喜新厌旧，总是不断去外部寻找、物色高端的人才，而且请进这些高管人才后，就把内部原有的一部分组织分拆给这些人才，或者在原有的管理层上面增加一层，这样就造成了内部的组织拆了又合、合了又拆，管理者一层覆盖一层。往往一个外来的高管干了不到半年，“蜜月期”过后就会“失宠”，而迎来新的高管作为其上级，自己也被无形中“降级”了。

这位CEO总是容易听信其他人对某些人的评价信息，而且离谱的是，他还把这些不好的信息和评价又复述、传达给了被评价人，成为内部传递小道消息的第一人。

这样，CEO其实在源源不断地制造出“复杂性”和“负能量”（而非简单与正能量），就像蚕吐丝织茧一样，组织被弄得越来越复杂。

而HR高管，针对这样的事情，要从客观中立的角度提醒企业一把手，告诉他反复变化、不断增加组织复杂度的负面影响，并在职责范围内纠正这样的做法。

另外，HR高管应该从客观的角度去评价人才。人力资源管理者的角色往往能在组织中起到正本清源的作用，因为很多时候、很多场合，他是无利益关系的第三方，说话往往更有影响力。最害怕出现的是，HR高管自身也失去了甄别事物真假、对错的能力，向错误的方向执行，甚至继续在组织内传递负面信息，这样的危害是极大的。

林枫把这称作组织的第一性原理。相信大家对第一性原理已有所耳闻，它是从头计算，不需要任何参数，只需要一些基本的物理常量，就可以得到体系基态的基本性质的原理。

而对组织来说，这个从头开始计算，就是从企业的创始人开始分析组织的现状为什么是这样子的，其对商业、企业发展、人才、价值观的假设，构成了企业将会发展与演绎成的模样，这就是组织的第一性原理。

演绎法，即寻找到一个必然为真的前提，然后在这前提上进行逻辑演绎。这个必然为真的前提，若是因果链上的第一因，或是事物细分到不可细分的维度，可以称之为第一性原理。找到第一性原理，再以此为基石进行逻辑演绎，推导出现象层面的操作手段。

我们通常提到的“使命、愿景、价值观”，就是第一性原理和逻辑演绎法的思考方式。

（1）使命。要完成什么样的使命，是组织存在的第一因。使命是虚构的，它还未实现，甚至永远不可能实现，但这都不重要，重要的是能让人相信可以实现。

（2）愿景。一个组织有了使命，就会引发出履行这个使命的未来，接下来就是愿景，即公司会变成什么样子，或者想要变成什么样子。

愿景是为使命服务的，所以是阶段性的，比如设想 5 年、10 年、20 年后，这个公司会变成什么样的，要做成哪些事来实现这个使命。

明确愿景，是为了让组织中的个体能想象在这个阶段自己可能获得什么好处，有什么样的收获。

（3）价值观。有了使命和愿景，就需要有价值观来为前两者保驾护航。价值观是前进路上的操作方法，是筛选人的标准。如果要一起上路干活，那么大家都得认同这个标准。

价值观不是墙上的标语，价值观是需要考核的。马云提到，阿里巴巴对高管的考核主要是考核使命、愿景和价值观，而不做业绩考核，只有中层和基层才做业绩考核，这一点对其他企业是很有启发的。

只有明确了以上 3 个要素，亦即构建起商业知识的第一性原理，才能去谈战略。以这 3 个要素为前提推导出来的战略，才是独特的，别人无法模仿。能被人模仿的战略不是战略。

33 让业务主管学会专注

林枫在与某些销售主管沟通时，发现其很喜欢在销售过程中采用“一石二鸟”的方式。什么意思呢？就是一块石头投出去，打中两只鸟，一举两得。

有时候，业务主管可以“一石二鸟”，获得意外的副产品。但这不应该成为一种惯性的思维与行为，因为我们开拓业务、开发客户，一定是基于公司战略的，是一种战略性的布局与规划，它是我们要实现的最主要目的，而非次要目的。不要因为次要的目的而影响了主要目的，有时候是捡了芝麻丢了西瓜，变成不断去捡芝麻了。这对于组织的战略落实是有害的。

发现这个问题后，林枫事先和 CEO 沟通，请 CEO 在公司管理层例会上提出，要保持战略的聚焦、专注才能尝到最大的甜头。

人生成功的秘诀在于做减法，而做减法的关键在于能跳出一般人的思维定式，放弃那些无关紧要的事物。巴菲特曾说过：“写下 25 个你想要的东西，圈出 5 个你最想要的，然后像避免瘟疫一样，远离另外 20 个。”

捡西瓜的人在思维方式上和捡芝麻的人完全不同，他们不会为了那些蝇头小利动心，而是把目光放得更长远。你的注意力在哪里，那么时间也会花在那里；你的时间花在哪里，那么对应的收益和金钱也在那里。

林枫曾经听到一位职业发展专家谈论“高手的战略”，表达了3种不同层次的高手的差别：“三流高手靠努力，二流高手靠技艺，一流高手靠专注。上天给你无限的机会，却只给你有限的时间、精力和才华，所以越是优秀，越要专注。”我们要聚焦组织的目标与关键结果，最重要的事只有一件。

有一位管理专家提出建立战略聚焦型组织（或战略中心组织），它是将组织联盟与组织自身的资源聚焦于组织战略的组织，通过将各种资源聚焦于组织战略去实现组织的使命与愿景。

战略专家迈克尔·波特将战略的基础描述为一个组织选择胜过别人的“活动”。如果战略的基础如波特认为的，是“成百上千个活动的选择和执行”，那么战略不仅仅是组织的几个高管人员的事，它必须被每个人所理解和执行，整个组织应该团结在战略周围。

建立战略聚焦型组织的基本原则如下：

（1）将组织战略解释为组织运营及日常作业。

（2）调整组织结构与机制以适应组织战略，组织结构设计的主要目的是实现协同效应。

（3）让组织战略成为每个人每天的实际工作。这个过程不是自上而下的指挥，而是自上而下的沟通，可以用平衡计分卡的方法在整个组织沟通、培训和宣贯组织战略。

（4）使组织战略成为持续性的流程。这个流程是双环的，借助于开放的报告系统将组织战略与预算流程联系起来，实现组织战略预算与运营预算的衔接。

（5）通过高级执行层的领导动员变革，建立战略管理系统。

战略聚焦系统的3大核心任务就是聚焦产品，开发独特的产品符号；聚焦市场，建立“样板根据地”；聚焦人力资源，打造高绩效团队。

《华为基本法》第 23 条指出：我们坚持“压强原则”，在成功的关键因素和选定的战略生长点上，以超过主要竞争对手的强度配置资源，极大地集中人力、物力和财力，实现重点突破。

创业之初，面对强大的竞争对手，华为人知道自己实力不足，于是决定不进行全方位的追赶，而是立足于当代计算机与集成电路的高新技术，大胆创新，取得了一系列突破。每年投入销售额 10% 的资金用于科研开发，装备了大批精良的开发设备和测试仪器，并与国内外一些著名大学、研究开发机构和重点实验室建立了长期、广泛的合作与交流，与国际上知名公司和供应商建立了良好、稳定的伙伴关系。坚持科技领先，使华为跻身于世界少数几家 C&C08 – STP 数字程控交换机设备的供应商行列，在移动智能网、STP、移动关口局、GPRS 等核心网络领域形成领先优势。

任正非说：“我们把代理销售取得的点滴利润几乎全部集中到研究小型交换机上，利用压强原则形成局部突破，逐渐取得技术的领先和利润空间的扩大。技术的领先带来了机会和利润，我们再将积累的利润投入到交换机的升级换代、产品的研究开发中，如此周而复始，不断地改进和创新。尽管今天华为的实力大大地增强了，但仍然坚持压强原则，只在自己最擅长的领域做到业界最佳。”

管理大师彼得·德鲁克说：“没有一家企业可以做所有的事情，即使有足够的钱，它也永远不会有足够的人才。”这句话的含义就是：做最具竞争优势的事。

34

让下属实现自我领导，才是领导力的体现

在Y企业，林枫持续进行高层管理者的赋能，比如引进外部老师开展以领导力为主题的内训课程。在此过程中，他作为组织者，一直在思考应该赋能于公司高层管理者什么能力，特别是适合互联网企业管理者的能力。最后他认为，让高层管理者们学会激发下属自我领导，这应该是最重要的能力。领导力的最终体现，是不再需要领导者施加干预与影响，下属团队能自我运作。

作为领导，永远不要以为加强领导就是加强权力。通过授权，调动下属的主动性和积极性，让下属实现自我领导，才是领导力的体现。

那些持久成功的优秀企业有着共同的特征：它们懂得如何激发员工，形成了一种员工自我管理、自我承担责任与完成目标的氛围和习惯。

让员工进行自我领导的文化比传统的控制管理更有效。作为管理者，必须理解一件事情：管理如果不能激发员工的积极性，实质上就失去了意义。事实上，管理的本质就是使员工真正具有自我领导的能力。

Y企业的工作环境设计得非常宽松，除了有让员工锻炼、交流、休息的场所和设施，更重要的是，它在倡导形成一种自我管

理、自我承担责任与完成目标的氛围和习惯。

在这样的氛围下，员工的创造性得到充分发挥。管理者们意识到企业文化对管理工作是有着深远影响的，这种让员工进行自我领导的文化比传统的控制管理更有效。它强调了作为企业独特文化的一个组成部分的价值观和目标，与完成任务的物质资料及工具一样重要。

那些持久成功的优秀企业都有一种凝聚员工的企业文化，并使得员工能够进行自我管理。

领导者要修炼自身的能力，构建员工自我驱动的机制。

真正懂得员工，才能真正懂得做领导人，这样说也并不过分。“问渠哪得清如许，为有源头活水来。”员工是体现企业行为的一池水，要使企业充满活力，这池水就必须激活，成为活水。

这就要求企业的领导者能够把人的因素放在首位，重视用人之道。哈罗德·孔茨与海因茨·韦里克把构成领导者的要素概括为 4 种综合才能：

（1）有效地并以负责的态度运用权力的能力。

（2）能够了解人类在不同时间和不同情景下的激励因素的能力。

（3）鼓舞人们的能力。

（4）以某种活动方式来形成一种有利的气氛，以此引起激励并使人们响应激励的能力。

任何一个组织或群体都是由许多不同个性和品格的个人所组成的，尤其是在互联网时代，个性很容易彰显出来，也有很多机会显现出作用与价值。因此，对于领导者来说，在当今社会要较好地完成自身任务和使命具有更大的挑战性和更高的要求。

领导，也指影响人们为组织或群体的目标做出贡献的过程。

领导工作就是要让不同个性和品性的个人，能够在特定组织或群体中和谐相处，发挥出群体合作的影响力量，以实现组织或群体的目标。

领导实质上就是一种影响力，它是艺术性地影响人们，使其心甘情愿、满怀热情地为实现群体的目标而努力奋斗的过程。

真正的控制，只能是来自于员工自身。

企业的控制到底以什么为依据？对公司的忠诚最终体现在哪里？作为一个领导者，必须理解一件事情：控制如果不能激发员工的积极性，实质上就失去了意义。事实上，这已经不是一个强调控制的时代，我们更应该留意到，在企业界愈来愈被更多人接受的观念是“将员工变成一个老板”，也就是“事业合伙人制”。

在没有任何指导的情况下，员工自主行动将会造成一种混乱状态，并且对形成共同的奋斗目标及争取优秀的工作业绩产生障碍。然而，以控制为手段，则极易导致官僚主义的管理作风，从而磨灭人们的革新精神与创造力。因此，真正的控制，只能是来自于员工个人的，这种控制才能够达成管理的绩效。

传统的观念认为，管理和创造性是矛盾的。管理机制要求统一、集中、确定。相反，创造性则需要扩大其对立面，即直觉、不确定性、自由及打破传统。苹果公司的领导者们致力于消除各种障碍，并保证资源能够随需而取，帮助给予完成工程所需的各种支持。这样的管理体系的打造，让员工可以充分发挥创造力，并取得令人瞩目的成就。

的确，指挥者应允许艺术家们尽情发挥，比起关心体制问题，我们更应让员工实现其梦寐以求的东西。事业的驱动力只能来自个人。

35
对标行业数据，学习行业最佳

多往外看，可以让管理者看清楚自身定位，找到自身欠缺以及努力的方向。特别是企业对于某业务领域的运营数据，往往与业界对标后，就很容易看到自身的长处与短板，知道从何处发力。主动对标行业最佳，是最快的自我改进的方式。

林枫看到 Y 企业有些业务主管只是做内部数据的分析与对比，比如将不同分支机构的数据对标，把学习标杆仅仅定在企业内部做得比较好的部门，而缺乏往企业外对标的意识。

于是，林枫向这些业务主管提出，企业内外部的对标都是需要的，外部的标杆数据，特别是相同行业类似规模的企业的数据，往往更能反映企业运营质量的本质。比如某软件开发企业，在内部各职类（如研发、产品、测试、销售、交付等）人数分别占公司整体人数的权重上对比行业标杆企业，以便优化内部人才结构。

当然，学习标杆、分析差距的方法有两种：一种是弥补努力差距，就是企业多些时间、资源投入，通过勤奋就可以弥补组织的差距；另一种是能力差距，就是通过提升人员能力，优化组织与流程，改进管理方式以及结构性的创新与提升，弥补组织的差距。前者会造成量变，而后者才能带来质变。

（1）标杆学习的方法

标杆学习是一家公司将自己的业绩与一流公司相对比来确定自己公司与这些公司能达到他们的业绩表现水平的差距，并应用这些信息来改进自己业绩表现的改进的流程。

标杆学习，作为20世纪90年代风靡世界的战略管理工具之一，如今仍然广受推崇。许多企业把标杆学习看作学习和改进其战略管理实践的一种方式。

标杆学习也称“标杆管理”或“标杆瞄准”，或直接称“对标”，是指企业将自己的产品、生产、服务等与同行业内和行业外的典范企业、领袖企业（标杆企业）做比较，找出差距，借鉴他人的先进经验以弥补自身不足，从而提高竞争力。

标杆学习是追赶或超越标杆企业的一种良性循环的管理方法，其实质是模仿、学习和创新的持续改进过程。

根据学习目标的不同，标杆学习可以分为以下3种类型：

- 内部标杆学习。

对于多元化及许多跨国、跨地区经营的企业来说，在其内部可能存在多个从事同一种职责的部门。由于地理差异、发展历史、市场竞争、人员素质等因素，导致同类部门的工作效率不同。那么，这些部门之间就可以以内部作业的方式进行比较，开展标杆学习。通过企业集团内部检视，找出最佳绩效部门，通过比较找到组织内不同的单位之间涉及产品品质、获利能力或满足顾客需求能力的最佳点。

- 竞争型标杆学习。

竞争型标杆学习，包括认定竞争对手的产品、服务工作流程。其目的是找出竞争对手的产品、流程及经营成果等特定资讯，然后再与自己组织的类似资讯做比较。竞争型标杆学习要求对竞争对手进行调查与分析，所获得的信息非常宝贵，这些信息有助于企业进行竞争策略分析及市场定位。此外，由于企业一直在收集竞争对手信息，比如市场占有率、生产成本等，因此，一般说来，标杆学习所需要的资料可以直接从企业数据库获得，从而节省宝贵的时间。与竞争企业在技术、流程、工艺等方面存在的相似性，使得企业从竞争对手那里获得的信息可以很快运用在自身的组织内。

- 功能型标杆学习。

功能型标杆学习是指企业跳出行业或地区的局限，放眼观察其他产业领导者的作业方式，分析他们取得成功的原因。换言之，标杆企业的绩效是唯一的考核标准，而不在乎其所处的产业、规模及其他因素。功能型标杆学习帮助企业跳出原来封闭的环境，引导企业去发现更多具有创新意义的经营之道。来自产业外界截然不同的观念与做法，很容易会对原先处于封闭环境下的企业造成很大的刺激，进而引发许多创新性的想法，使企业内原有的运作方式发生重大转变，起到“他山之石，可以攻玉”的效果。当企业放眼所有行业中的所有企业时，容易找到一个真正的最佳典范。

企业选择何种类型的标杆学习，首先应当结合自身的实际状况和目标，然后再选择可能学习的对象范围。从分类上可以看出，标杆学习并没有一成不变的界限，并不局限于企业所在行业与地区。企业应当具有一种开放的学习心态，跳出企业看企业，跳出行业看行业，在尽可能大的范围内寻找最合适的学习目标，以达到最佳的学习效果。

（2）标杆学习的实施流程。

标杆学习能否取得理想效果，规范的流程极其关键。

- 明确标杆学习的主题与方向。

标杆学习的主题必须对企业的经营活动有重大的影响，也就是一般所称的“关键成功因素”。企业进行标杆学习的起点，就是透彻了解自己，对现有的作业流程和已有的绩效衡量标准进行检讨。然后，在众多的关键因素中找出自身的弱项。深刻理解和把握企业成功的关键因素及自身的差距，是标杆学习的主要内容。

- 锁定学习对象。

企业在选择最佳典范企业时，应当明确两个基本的原则：一是被学习企业应该具有卓越的绩效；二是被学习企业应该与本企业和部门具有可比较的特点。

- 收集资料和数据。

确定标杆学习的对象与目标之后，就可以进行资料与数据的收集工作。资料收集工作应该从两方面进行：一方面是本企业的经营业绩与成效；另一方面是标杆企业的关键成功因素的相关数据与资料，即标杆企业实现成功经营的管理方法、措施与技巧等。

- 分析并给出学习措施。

在充分了解自身与典范企业的关键成功因素后，将数据资料进行分析比较，找出自身与典范企业的差距。在分析差距的基础上，确定标杆学习所要追赶的目标，并给出改进的具体方法。

- 采取变革行动。

标杆学习的最后成果绝非一纸空文，而是实实在在的行动。根据具体的行动方案，包括计划、实施方法及阶段性的评估等，明确责任分工，采取切实行动，推进变革。

- 评估与反馈。

企业进行变革后的一段时间内，必须进行绩效评估，以检查实施的效果。标杆学习应该作为企业经营的一项职能活动，融入日常工作中，从而成为一项固定的制度持续进行。

36 领导对下属的付出，是性价比很高的事情

很多管理者不愿意在员工身上花时间，觉得这是一件浪费时间的事情，他认为尽量在经营业务上多花时间是最有价值的，除此之外，辅导员工、与员工沟通交流这些事情上的时间投入，都是一种浪费。

其实这是错误的观点，把时间花在员工身上，能收到事半功倍的效果，这是一件性价比很高的事情。

对于员工来说，其实最需要获取的信息就是来自直接主管的信息。领导的一点点指导，就能让他们少走很多弯路，甚至受益一生。从这个角度看，领导的一点付出，确实是一件性价比很高的事。

美国管理学家诺尔·迪奇，在一项关于忠诚度的研究中发现，除了收入，影响忠诚度最重要的一个因素就是员工的受重视程度。

林枫看到公司内一位部门主管，仅担任了一年时间，部门业务十分出色。究其原因就是其所管理的团队中，平时保持顺畅的沟通与辅导，团队内部已形成很好的主动协作的关系，当有突发问题时，内部人员能够自动自发地开展工作。

有一次元旦假期，财务部门需要一些紧急数据，在晚上 11 点

的时候提出需求，希望这个部门的员工协助。该数据涉及多位员工，有些员工还在休假。但这些员工接到财务部门的求助信息后，在不用业务主管安排工作的情况下，就快速行动起来，甚至连在外地旅游休假的员工也行动起来，在附近找到电脑处理工作，体现了很强的协作精神与协同能力，并在一个多小时后把数据顺利提交给财务部门。

后来，这个部门的主管得知此事，为这个团队的状态深深感动，当天夜里在微信朋友圈发了一条信息："半夜醒来，想起我们的团队，今晚的一件小小的事情，就让我感受到这个团队已经有着怎样的凝聚力、行动力，可以在任何时候集结执行任务！拥有一支同心同德，来之能战、战之能胜的队伍，是一件多么幸福、多么自豪的事情。我们这支10多人的队伍相伴而行已有一年，一路走来，蓦然回首，我发现对他们已有着很深的感情，真的从心底去爱他们，也正因为他们，让我有着坚持的责任与前行的力量。小伙伴们元旦快乐！"

37 从分类管控改为分类指导，明确经营责任主体

林枫在Y企业内推广分类指导的工作方法，倡导充分遵循不同人才的工作特点和工作规律，针对不同领域、不同类型的对象，分类制订具体方案，提升活动的针对性和有效性。在人才培养过程中，无论是学习内容、学习方式，还是任务要求、工作措施，都要贴近实际情况和需求，确保人才学起来、做起来，都学有所获。同时，善于充分调动人才学习的积极性、主动性，避免单向发力、简单灌输等做法。活动不做硬性规定、不列硬性指标。

同时，对各分公司、子公司、产品线，明确经营责任主体，让每个经营主体承担起相应的经营责任。不同经营主体的考核指标与指标标准有针对性、差异化，充分考虑其特性，建立起考核与激励机制，充分激发其经营积极性与责任感。

很多集团性企业都是以管控为目的与导向，导致下属分公司或子公司经营的积极性不高。因此，集团性企业要逐步以管控为导向转为以指导为导向。

集团企业一般会采取“一刀切”的管理方式，但过于刚性，导致各种政策、制度很脆弱。因此，分类化甚至个性化管理成为一种必然趋势。

企业强化分类指导，可以提高经营管理的针对性、实效性。分类指导，代表着充分尊重和考虑不同组织、人群的特点、工作规律和行业分布，分领域、分层次地指导和推动分公司、子公司工作的开展，突出了分领域的工作指导。

集团化企业按照精准科学的要求，区分不同类型组织的特点，分别研究和制定各领域、战线的具体实施方案，尊重职业差异，突出行业特色、基层组织的作用，进行点对点式的指导，发挥基层组织的主动性和创造性。通过设计有针对性、特色鲜明的活动载体，树立本单位典型，讲好本单位故事，确立本单位目标，最大限度地动员和吸引广大员工积极参与活动。

分类指导有利于差异化发展。这些区域性特征要求目标、任务、策略、评估不能搞“一刀切”，而需要差异化发展、分类指导，强化示范特色。不同群体的成长环境、专业背景、性格禀赋不同，情况千差万别，开展活动需要充分尊重知识工作者群体的特殊性和个体差异性，春风化雨，润物无声，活动具体形式不能搞“一刀切”，不能搞“大水漫灌”。

作为管理层，有一个经验很重要，就是不同类型与规模的周期性组织的管理经验。也就是你经历不同类型、规模企业的不同阶段的经验。比如创立期、发展期、成熟期、衰退期就是周期，类型是指企业性质（如民营，国企，还是外企），企业规模就是企业大小，比如50人以下、100人以上、500人以上、1000人以上、5000人以上……不同性质、规模、周期的企业，适用不同的管理策略、方法。

38

情绪失控对管理是伤害，是管理之大忌

管理者要保持情绪的稳定性，这样才能传递给员工稳定一致的管理原则与标准，才能建立团队的确定感。

多变、易变、情绪化是管理的大忌，会让人捉摸不准你的工作方向与管理原则，无所适从，团队就很难形成凝聚力。保持情绪的稳定性，喜怒哀乐都不形于色，保持理性思考与决策，会让下属感受到你的静气与定力，并且对团队的理性思考有着很强的牵引作用，对团队管理有着很好的重心下沉的作用。

领导者在组织中有两种角色：首先领导者是独立的个人，而人是有各种情绪的，且情绪的宣泄方式取决于个人的自制能力；其次领导者需要管理团队或组织，他的一言一行均被其他人看成是组织的行为。因此，领导者在组织管理活动中对于情绪的掌控就非常重要，积极的情绪可以感召团队蓄积正向的力量和主动的态度，消极的情绪则会让团队积聚负能量。

林枫所在的Y企业，管理层中的一些人就存在情绪控制不当的问题。比较明显的现象是，当该团队受到客户或者其他团队的质疑时，团队的管理者会狭隘地认为这种质疑是针对其个人的，并且会把个人角色带入组织管理活动中，片面地认为提出问题的人是对其个人能力进行质疑，因此该管理者就会出现如下几种表现：

（1）极力辩驳。试图在第一时间将对方提出来的问题反驳回去，并寻找一切理由告诉其他人对方是错的。

（2）只见点不见面。因为其深陷问题争论不能自拔，所以他只能看到眼前的一点问题，而看不到由此一点而反映出的普遍性问题，这样反而会导致问题一再出现、质疑一再出现，没有从根本上解决问题。

（3）个人情绪的宣泄。管理者在这种情境下会出现无法稳定情绪的情况，语言、行为可能出现过激现象，这些都会对组织产生负面影响，也无益于问题的解决。

（4）内部竞争。管理者将部门之间的正常对话和沟通，看成了互相之间的比赛和表现，心想“我是对的，你是错的，我不能够比你差”。从而产生了恶性的内部竞争，进而无法达成各部门之间的协调配合，最终结果是整个组织都无法提升水平。

绩效下降越快，越需要管理者高度掌控个人的情绪，同时需要其能够站在圈外看圈内。“站在山外看庐山”，才能够明辨问题所在，找到方向。

有一个“踢猫效应”，指管理者对弱于自己或者等级低于自己的对象发泄不满情绪而产生的连锁反应。“踢猫效应”描绘的是一种典型的坏情绪的传染，人的不满情绪和糟糕心情一般会沿着等级和强弱组成的社会关系链条依次传递，由金字塔塔尖一直扩散到最底层，无处发泄的最弱小的那一个元素则成为最终受害者。其实，这是一种心理疾病的传染。

一般而言，人的情绪会受到环境及一些偶然因素的影响，当一个人的情绪变坏时，潜意识会驱使他选择下属等无法还击的弱者发泄，而受到上司等强者情绪攻击的人又会去寻找自己的“出气筒”。这样就会形成一条清晰的愤怒传递链条，最终的承受者，即“猫”，是最弱小的群体，也是受气最多的群体，因为会有多个渠道的怒气传递到他这里。

在企业中，管理者的工作与生活的压力越来越大，竞争越来越激烈。这种紧张很容易导致管理者情绪不稳定，一点不如意就会使他烦恼、愤怒，如果不能及时调整这种消极因素带来的负面影响，就会身不由己地加入“踢猫”的队伍——被别人“踢”和去“踢”别人。

任何管理者都会有情绪，不同的是，有的管理者很懂得管理自己的情绪。遵守规则只是职场立身的最基本，也是最低原则。而情绪管理对于管理者是非常重要的，人们常说：“先解决你的情绪，再处理你的事情。”人是一种感性动物，只要有感情，就一定有情绪，而情绪最容易坏事。

管理者的智力、技术、果断和有远见等都是成功所需要的，但并不充分，只有情绪智力才是辨别领导力的关键要素。管理者层次越高，情绪智力的重要性越是在增加，而专业性技能的重要性越是在减少。明星管理者和平庸管理者相比，90% 的差别要归因于情绪智力，而不是知识技能。情绪智力是潜在的能力，情绪胜任力则是可以习得的工作技能，情绪智力高不见得就能表现出情绪胜任力，只有通过训练才能展现出情绪胜任力。因此，最根本的领导能力，即情绪胜任力。

39

管理者的价值体现

HR 高管要去识别什么样的管理者是优秀的管理者，或者优秀管理者的价值体现在哪些方面。这不仅对于识别、提拔、任用内部优秀干部很有必要，而且对于 HR 高管自身也提出了相应的要求。

在一个管理岗位上，何谓做出了成绩，对公司是有价值贡献的呢？或者说一个管理者离任的时候，怎样判断他是有“政绩”的呢？主要是从以下 3 个方面：

（1）为公司切切实实地完成了经营指标或绩效目标。

（2）为组织留下了扎扎实实的组织资产（制度、流程、机制等）。

（3）为组织带出了很好的团队（人才梯队、能力提升、团队氛围等方面）。

这样的管理者，通常会有一些特点：

（1）强烈的目标结果导向与自律意识，其对团队目标、自身目标的要求比较高。

（2）沟通方式上，重内容，轻形式，更注重沟通的事情本身。

（3）有较强的人际包容度与开放性，能团结大家。

林枫在带领团队的过程中也形成了一定的风格。在一开始接任该职位时，他就向团队全员清晰地说明了自己的管理风格：

（1）直接、明确而清晰的沟通。

（2）务实做事的文化。沟通以谈“事”为主，就事论事，评价人、激励人也是基于做了什么事情，有什么结果。

（3）让团队成员不断做有意义的事情或项目，让大家不断成长。

与下属的沟通，为什么要直接而明确？其实是为了管理者的思想与目的、诉求能够传递到位，确保落地。管理者越是清晰充分地把自己的意图告诉下属，下属就越能按这个目标的要求去行动。

管理者既要志存高远，又要脚踏实地；能从未来的角度看现在，知道现在做什么才有未来。

40 要把关怀与精力放在对的人身上

组织的精力与资源是有限的。我们要找到对的人，并把我们的关怀和爱用在对的人身上。

组织要实行精英治理，对不胜任的人要零容忍，因为对不胜任者的容忍，就是对胜任的人的不负责任。

我们谈到价值观的时候，只有思想觉悟是靠不住的，如果我们觉得价值观真的重要，就把价值观放到 KPI 中。价值观方面，要在全公司范围内达成共识，核心管理团队就要先相信价值观是“长”出来的，从企业创始人开始身体力行，到高层、中层、基层，逐步生长起来。

下面是价值观宣传的 4 个步骤中主要考虑的问题：

（1）倡导什么样的价值观。企业一般需要问员工两个问题：你想成为什么样的人？你愿意在什么样的公司中度过终生的时间？通过这两个问题，我们就能够捕捉到组织应该有什么样的基因。

（2）怎样衡量价值观。解决了找到对的人的问题，接着是通过什么方法，找到衡量价值观效率最高、效果最好的办法。

最好是建立价值观行为考核标准，形成价值观的 SOP（Standard Operation Procedure，标准作业程序）。价值观行为考核应先从关键岗位开始，结合该岗位的工作场景，追问几个问题：我们公司大目标的用户是谁？我们用户的诉求是什么？为了满足客户的诉求，我们应该怎么做？

某汽车维修连锁企业对店总这个关键岗位的人员的价值观行为进行了细化，如表5－1所示。

表5－1 针对店总岗位人员的价值观行为考核标准（示例）

价值观	行为考核标准
客户第一	1. 对新客户/钻石客户/大客户能做到“景点游”和经典产品解说，提供令客户满意的服务和产品
	2. 了解每日回访情况，重点抱怨客户亲自接待，微笑面对客户投诉和排解客户受到的委屈，积极主动解决问题，并进行总结、复盘，避免日后再次出现类似的问题
	3. 和客户保持密切联系，通过微信、电话等方式主动沟通，倾听客户的声音，总结及反思，改进对客户的服务，进行产品和服务的持续优化
	4. 店总关注现场情况，掌握客户的现场体验，晨会上点评并及时修正，周例会上汇总数据
	5. 基于对客户需求的深入研究，通过精湛的技术解决方案，而不是低价促销，完成对客户的服务，使客户感受到超出期望的服务体验

（3）与价值观相关的利益分配机制。

数据从来不欺骗人。企业对价值观评价的考核，可采用360度考核的方法，考核项目里有3部分：客户的反馈、同事之间的反馈、上下级的反馈。

（4）将价值观考核的结果与管理者或员工的利益回报机制进行挂钩。比如半年度考核成绩里的30%设为价值观考核，而总体考核成绩和绩效奖金挂钩。

比如华为提倡“以客户为中心，以奋斗者为本”的价值观，提倡员工在本职岗位上勤勤恳恳、扎扎实实地做出对客户有价值的事情。每年华为都会做“劳动态度”的考核——其实就是价值观考核，要求员工写出自己符合或不够符合价值观的行为表现，在自评后，由主管进行评价考核。

任正非 1997 年在《悼念杨琳》一文中提到优秀秘书代表杨琳的精神，就是华为员工价值观的典型表现。文章说：

华为正是由无数的平凡人物的呼喊，创造了自己光辉的历史。

华为的光辉是由数千微小的“萤火虫”点燃的。“萤火虫”拼命发光的时候，并不考虑别人是否看清了他的脸，光是否是他发出的。没有人的时候，他们仍在发光，保持了华为的光辉与品牌，默默无闻，毫不计较。他们在消耗自己的青春、健康和生命。华为是由无数无名英雄组成的，而且无数的无名英雄还要继续涌入，他们已在创造历史，华为的光辉历史，我们永远不要忘记他们。当我们的产品覆盖全球时，我们要来纪念这些为华为的发展贡献了青春与热血的萤火虫。

41
管理者常见的能力缺失

在人力资源管理实践中，林枫发现常见的管理者的能力缺失有以下 3 种类型：

（1）不知道干什么事情，就是定义战略或策略的能力不足，没有系统的工作思路。

（2）不知道怎么把想干的事情付诸实践，不懂得如何将工作分解落实，缺乏建立运作机制的能力。

（3）不知道如何激发其他人一起去把事情干成，具体表现为沟通能力不足，没有建立沟通机制与稳定一致的沟通风格，不懂得必要的考核与激励。

以上几种能力缺失，其实是和一种能力密切相关，那就是纵深的思考能力，也叫深度思考。这种思考包括对事的思考、对人的思考。

同时，管理者还容易在管理决策上出现以下问题：

（1）缺少规划性，随意性强。

（2）情绪化，不理性决策。

（3）没有集体沟通决策机制，单靠个人感觉决策。

（4）变化多，一会儿一个变化，让下属无所适从，缺少管理的一致性与稳定性。

以上特点，都会对团队管理的效果产生伤害。

团队管理的核心是如何把一群人管好，做出最好的团队绩效，这有三方面的“最”可以参考：一是制定最高的业绩目标；二是用最好的人；三是给最好的激励。

这样，一个精英的团队做出优秀的业绩，获得最好的回报，身在其中的人都会获得成就感。所以，在选择团队成员时，要尽量选择那些自我成就导向强、自我驱动能力强、自我要求高的人，用这样的人，整个团队就进入一种“火力全开”的模式，战斗力超强。

那么，如何判断一个团队是正常状态的呢？就是看员工是否忙起来了，并且忙起来是否有结果产出，同时有没有正常的工作流程、沟通机制（如例会）等。

华为 CEO 任正非特别强调业务主管的目标导向、对资源的管理能力，以及成为解决问题的责任中心，他把各级主管比喻为“网绳”，结起来很多“网眼”（小权力中心），进而形成“网团”，可以“网大鱼”。以下是任正非对干部在资源管理方面的作用的精彩描述：

资源在不断细化分配过程中，需要很多责任者去管理。业务管理是“目”，把目（业务管理）分成很多的小网眼（权力中心），这一个个小权力中心拼起来就是一张大鱼网，少了一个网眼鱼就会钻出去。不重视每一个小网眼（权力中心）的建设，就会造成鱼死网破的失误。抓鱼不靠绳子，而要靠网眼，网眼就是我们的业务部门，在执行这项业务时，它是最高权力机构。只有它能把鱼给套住，网眼在套鱼的过程中就是套鱼最高权力机构，并不因地位低而无权。华为公司的网眼是由不同类型组成的，建成的业务支援体系各不相同，当出现一条一个网眼挂不住的大鱼时，就要充分调动各项资源，把许多的网眼组成网团，从而将大鱼紧紧地包围、捕捉起来。

各级主管就是网绳，网绳的作用就是考核、检查、监督、计划，使网能最大限度地张开，如果网不张开，我们是无法抓到鱼的，这就是直线领导系统，它解决了人对人的领导，这就是纲举目张。我们要会目标管理，谁对目标最了解、最掌握，谁就能尽快成为解决问题的责任中心，由他来调动和利用一切资源来解决资源建设的问题。

㊷ 领导者应该形成什么样的道德

我们发现有些领导者，只是一味地指挥别人干活，而自己却不干。把下属驱使得要死，却都是嘴上功夫，不会身先士卒，身体力行。

最要命的是，他会站在道德的高度上指手画脚，自己的行为却不符合道德，也就是说，他自己是在道德的约束范围之外的。这些人冠冕堂皇，恰恰是他们道德上未必站得住脚。

最不道德的人往往努力捂住自己，然后竭力把别人大幅度撕开。

这是领导者应该警惕的“陷阱”：自己做不到的就不要要求别人做到。

有些领导者永远是要求下属达到和他一样的思想觉悟，要求别人懂他。但是，别人不是你，不在你的位置上，是很难设身处地地与你有同样的思想境界与自我要求的。现实告诉我们，永远不要强迫旁人懂你的世界，这种强迫是一种侵略，一个世界对于另一个世界的侵略，并且这种侵略是不可能赢的。

当然，这里讲的道德更多是不要言行不一，要言行一致、内外一致、前后一致。

道德一词，在汉语中可追溯到先秦思想家老子所著的《道德经》一书。老子说："道生之，德畜之，物形之，势成之。是以万物莫不尊道而贵德。道之尊，德之贵，夫莫之命而常自然。"

其中，"道"指自然运行与人世共通的真理，而"德"是指人世的德性、品行、王道。但德的本意实为遵循道的规律来自身发展变化的事物。当时，道与德是两个概念，并无道德一词。

"道德"二字连用始于荀子《劝学》篇："故学至乎礼而止矣，夫是之谓道德之极。"在西方古代文化中，"道德"（Morality）一词起源于拉丁语的"Mores"，意为风俗和习惯。《论语·学而》："其为人也孝弟，而好犯上者，鲜矣；不好犯上，而好作乱者，未之有也。君子务本，本立而道生。"钱穆先生注解说："本者，仁也。道者，即人道，其本在心。"可见，"道"是人关于世界的看法，应属于世界观的范畴。

马克思主义认为，道德是一种社会意识形态，它是人们共同生活及其行为的准则和规范。不同的时代、不同的阶级有不同的道德观念，没有任何一种道德是永恒不变的。

对于领导者与企业家来说，他们往往有着自身内在的深层"道德约束"，这里的道德是一种目标驱动下的对策略选择原则的坚守，以及对人才价值的坚守。

管理学者彭剑锋认为，凡是伟大的企业家都似乎具备4个方面的特征："爱才如命"、"挥金如土"、"学习如痴"。

所谓"爱才如命"，就是企业家都是人才痴，求贤若渴，爱才、惜才，见到能人眼睛就发光，就不想撒手；企业家都是人性大师，洞悉人性，善与高手过招。

所谓"挥金如土"，实际上就是企业家能够为企业"舍得砸钱，舍得分钱，善于分钱"。企业家都是有赌性的，敢冒风险，敢负责任，为未来舍得投入，舍得对未来发展战略做长期的投入。

所谓“杀人如麻”，就是有成就的伟大企业家都有点霸气，不怒自威，气场足。做事雷厉风行，说一不二，赏罚分明，奉行能力绩效导向，在制度和规则面前铁面无私、不讲情面。

所谓“学习如痴”，就是真正的伟大的企业家都崇尚知识的力量，善于行动、学习，向一切优秀的人学习，勇于自我批判，不断实现自我超越。

六、第五件事：持续激活团队与个体

43

你是要控制员工还是让其绽放

林枫有机会深入接触了另一家创业型企业，在这家企业经营还没搞好的情况下，公司 CEO 一心想着“整人”的事情，一直在内部整改，从来没有停止过，只是为了整改而整改。

林枫和这家企业的 CEO 沟通，建议其先把事情琢磨好、做好、整好，而不是事情都没想好和做好，就去找人的问题、整改人的问题，只会把公司整得元气大伤。

这家公司太关注问题、太关注价值观、太关注人了，应该更关注事情、项目、发展，更应该关注激发人的潜能。应该要进行正向领导，而不是负向领导。

在企业发展中，组织中有的问题是会随着组织的发展而优化，有些进步是自然发生的，不用人为破坏规律。林枫认为，这家公司最应该转变的是思维，要从问题思维转为发展思维。

企业很容易走进的误区是缺乏理性治理的意识，不是以事论事，而是一碰到问题就上升到对人的价值观的评判上。

其实，这里面藏着企业管理者的一个深层问题，就是管控欲太强。

随着发展，企业很容易进入一种向下管控的模式。于是，领导人的思维，公司的管理制度、机制与流程都是以管控为主，这会大大限制下级机构及员工的积极性。

管控，是因为领导者倾向于认为人性是需要约束的。

有适当的管控是需要的，但如果过度，就会形成要求服从、控制的压抑的氛围与风格，员工会战战兢兢的，不敢创新，无创造力。

而管控的反面是服务、支撑与信任，其基调是开放的、积极的、鼓励的、激发的。

任何一个平凡的人，都可能借助组织的力量完成单凭自己无法完成，甚至根本无法想象的伟大事业。因此，通过工作为组织，进而为社会做出贡献，是成就自己，实现人生价值的重要途径；通过工作，参与创造伟大的过程，也是人生真正的快乐之一。

对员工是掌控还是使其绽放，往往与领导者的性格有关。性格决定命运。你是战略性思维还是战术性思维，你是一种扩张性、激发性的人格，还是一种收敛性、压抑性的人格，是造成领导风格差异的原因。

组织环境也可以塑造人，营造简单直接、专心做事的环境至关重要。赫尔伯特－西蒙说：“人作为行为系统是简单的，人的行为的复杂性是人所身处的环境的复杂性的反映。”

HR 高管的一项重要工作就是制定公司管理政策，特别是推动各业务部门制定工作目标、过程绩效管理、结果激励等方案，这里特别要注意导向的问题。

HR 高管可以经常问自己，公司制定这个政策的导向是基于控制员工，还是使其绽放？是起到“使能”的效果，还是“抑能”的效果？这里面有很大的学问，包括了复杂的人性。

林枫还了解到，这家企业 CEO 把预算、指标、考核、流程管理机制等工作全部交给财务部门来设计，结果发现由财务部门设计出来的政策目的都是为了管控，大家被管得死死的；财务部门还开发了一个系统，要求公司全员每天都要填写工时详情，说明每一个小时是为哪个部门服务的，服务的价格是多少，以便把费用结算到这个部门上……整个公司的人都被这个机制“绑架”了。这是把人作为机器一般对待的管理方式。

其实，所谓职能部门（如财务、人力资源部门），提供的是原材料，真正炒菜的是业务部门，要把炒菜的“铲子”交给业务部门，给他们灵活施展的空间。

我们的政策、制度、流程、机制要有一定的“柔韧性”，在总体的约束条件下能够适应不同场景，有可腾挪的空间，不然就过于脆弱了。政策设计要考虑“反脆弱”的效果，充分考虑个性化特点。

有一位名人说过一句话：“对那些有梦想、有激情、有想法、有能力的人，不要给其野心设限，让其充分发挥积极性、创造性。”

公司内有各种经营管理团队，我们要支撑各经营团队各自绽放，协同发展，相互协同与赋能，不要只是强调竞争，而要讲究竞合（既竞争又合作）。

你要呈现的是领导强，还是员工强，这个出发点很重要。如果要领导强，领导扮演的可能是交通警察的角色，四处随时指挥；而如果领导扮演的是农夫的角色，就会在庄稼需要的时候施肥、灌溉、喷洒农药除虫等，大部分时间都让作物自然生长。

组织要构建一片土壤，提供肥料的支撑，让生长在其上的各种果树、花草等都能够按照自己的天性发展，尽情绽放。领导者就像园丁，只是给予阳光、雨露，修剪一下枝叶，帮忙抓一下虫子，园子里的植物就能够健康茁壮地成长。最后，进入万物高贵，各自生长的状态。

组织不是磨灭个性，而是需要每一个人通过走向专业化、职业化来酣畅淋漓地挥洒自我，而这一切又根植于组织内部高效的分工和协同，根植于公平、平等的组织文化。没有肥沃的土壤，开不出璀璨的花朵；没有个人的绽放，土壤也失去了意义。

万物高贵，各自发展。我们要实现农庄式的管理，领导要学会“退位”，自己做“土壤”、做“大地”、做“农夫”、做“背景”、做“衬托”，而把舞台交给员工，让他们施展才华，让他们去绽放。

而个体激活的关键，是要实现每一个行为都可视，被记录、被跟踪、被关注、被评估、被激励、被反馈。比如对销售人员的激励，就可以通过将销售工作全员化、移动化、网络化来实现。

另外，可以通过员工的“全生命周期管理”来达到这个效果。通过管理员工任职的一个个工作岗位，或者参与的一个又一个项目，不断激发其潜能与创造力；从员工自身职业发展的角度考虑，帮助其串起一个个职业发展的阶段，不断攀爬职业的高峰。

因此，我们应该给管理者与员工松绑，具体到每一项措施的施行都要看其是否能够正向激活管理者与员工。

44

沉淀共性化与个性化信息，打造赋能平台

华为高层曾提到“华为公司最大的浪费就是经验的浪费”。惠普认为，“如果惠普知道自己所知道的，那么惠普的业绩水平将是现在的3倍”。每天结束的时候，新东方都担心公司最昂贵的资产从门里走了出去……

随着知识经济的兴起，知识管理成为经营管理中的重中之重，华为、西门子、新东方等优秀的知识管理企业，通过采用知识管理方法，已经促进了公司的商业成功。

越来越多的大中型企业对知识管理愈加重视，但在具体的实践过程中依然面临着诸多难题：

（1）如何让新入职的员工快速上岗，如何让公司宝贵经验不随人员流失？

（2）项目经验成果多，如何实现有序管理，让知识能够真正“用起来”，赋能业务发展？

（3）如何避免知识管理制度与执行脱节，如何激发员工的参与热情，让知识更好地为组织赋能？

……

公司赋能的关键在于以各种形式（如文字、图像、音频、视频等）不断沉淀已有的知识、技能和经验，并沉淀到IT系统中，

成为公共化平台上的资源，让其充分实现共享，让更多的人站在这个基础上学习理解，起到指导实践的作用。

沉淀在公共化平台上的，有的是共性化的制度、流程、工具等，也有个性化的材料，比如个性化的销售方案等，用户可以根据场景所需去调用。因为共性化、个性化的材料都是有价值的，特别是能够个性化定制的东西，往往有着某一特定场景的指导意义。

比如某互联网企业，面临诸多问题：技术与知识高度密集，积聚了多年的项目成果与经验，如何实现快速沉淀、查找与复用？数十家分公司、子公司，数千名员工，如何实现全员的快速学习与培训？大数据时代，知识更新迭代迅速，如何助力员工快速成长，提升人才竞争力？

该公司决定构建“协同办公 + 知识管理 + 学习管理”三位一体的全新协作平台，通过构建多专业、多领域门户，汇集知识，助力员工高效获取；构建多维度知识仓库，统一有序管理知识；打造移动门户，让知识触达更多场景；搭建E－Learning平台，并进行全周期培训管理，方便员工学习各项业务相关课程及参加考试，帮助企业打造成为更高效的学习型组织。

由此可见，企业要尽快进行知识与经验的沉淀、管理，通过IT 体系建设，打造统一的知识管理体系与平台，搭建多维知识仓库，对全公司多类知识进行统一管理；建立内部专家网络，促进知识沉淀与传承；建立内部专业圈，促进员工互动交流……通过这些措施，使企业能够站在过去的肩膀上，迈向更高的成功台阶。

45 小公司是否适合推行阿米巴模式

当企业经营困难，或者融资不顺，或管理层普遍更换变动的时候，企业往往在变局中思变，比如能否在内部推行阿米巴经营的模式。

特别是遇到经济寒冬，很多企业裁员的时候，如何在逆境中坚持，如何创新与应对，如何在夹缝中生存，如何在环境复杂的逆境中屹立不倒，成为困扰很多企业的事情。

在这种环境下，公司可以选择冻结加薪，或者在薪酬包不变的情况下加薪（减员加薪；或部分人员减薪，部分人员加薪），实现人员的精细化管理，提高人员效能等措施。

这时，有些公司把阿米巴模式也列入可选择项，对组织进行独立核算，成立阿米巴组织；对产品线推进独立经营核算，将成本结算到各业务单元中。

比如 A 创业企业，500 人左右，为落实经营责任和管理意识，在各部门实施阿米巴模式，“名义上”进行独立经营核算，把所有员工的工作内容进行标准化，细化到每一个业务领域、每一个业务活动，然后对活动进行定价。同时，员工每天工作的 8 小时要根据各项业务活动的服务对象，进行工时分配（比如有 1 个小时服务销售部门、2 个小时服务研发部门等），以便进行成本的结算……

结果实施了这种模式后，管理者与员工苦不堪言、怨声载道，因为大家的日常工作变成了斤斤计较。比如跨部门你要我做一件事情，我先给你报个价（虚拟价格），如果你同意我就干，你不同意我就不干；干完后，我把工时结算到你那里，需要你确认，而你对这个用时可能存在怀疑，觉得用多了（做一件事情，记录用了3个小时，但对方觉得根本不用3个小时，2个小时就可以完成）……

所以，该公司实施了阿米巴模式之后，员工工作的动机发生了微妙的变化，变成了活生生的利益结算。这破坏了企业组织间的生态系统，增加了内部阻隔，导致组织效率大幅降低。这是组织灵活性、应对外部能力的减弱，因为组织的手脚不能协调，身体各部位不能协同。

就如同这样一个情形：手对脚说，我受到攻击了，向你发出求助或求救；脚却说，我救你可以，但你要给我钱，我先报一个价格，看你能不能接受；手说，我考虑一下，价格太贵了，能不能便宜点；脚说，这个价格已经很实惠了，你再考虑考虑，不然我就不帮你了……本来很自然的相爱互助的手脚，竟然因为这个“结算”机制，被弄得沟通成本极高，运作效率极低。

所以，建立阿米巴模式最大的影响，是对组织协同的影响。

如果一定要推行阿米巴模式，就一定要让真正赚钱的部门来购买服务，并确保以真金白银结算，而非虚拟的“自嗨”型的货币，这才是真正的商业化。

比如企业先从交付项目的部门开始，交付项目要先报工时到资源提供部门，然后进行成本结算；企业还可从总部与区域的资源调用方面进行结算，如区域分公司向总部呼唤“炮火”资源，调派过去的专家资源等成本是需要结算到区域账上的，如专家出差了一周，那这周的人工成本就需要按照该专家的“成本基线”

向区域分公司结算。

可见，阿米巴经营模式并不适用于所有企业，只有符合特定条件的企业才能实施阿米巴模式，否则将造成不可估量的损失。

阿米巴经营并不是单纯的利润管理手段，而是实现全员参与的经营方式。当然仅靠单位时间核算来衡量现场业绩是无法实现参与式经营的。参与式经营的实现需要一定的条件，根据日本神户大学教授三矢裕《创造高收益的阿米巴模式》一书中的介绍，主要有以下 5 点：

第 1 个条件：企业内部的信任关系。

作为经营者，要相信员工的能力，有企业发展需要依靠员工智慧的姿态。同样，作为员工，必须抱有自己的努力和智慧关系到企业、客户，甚至自己的长期利益的信念，只有这样才能实现全员参与式的经营。无论是经营者还是员工，必须把经营建立在互相信任的基础上，这也是实现阿米巴经营的最基本的条件。

如果缺乏这一条件，经营者就无法把一些重要的经营信息公布给员工。在经营者总担心企业信息遭到泄露的疑神疑鬼的状态下，是无法实现全员参与式经营的。员工不是单纯用来利用的工具，而是经营共同体中的一员，领导人必须要有这样的姿态。

第 2 个条件：数据的严谨。

如果做不到这一点，阿米巴经营就无法真正发挥作用。保证数据严谨的关键是经营者严肃认真的态度。经营者只有踏踏实实、认认真真经营，才能实现阿米巴经营。各阿米巴对待数字必须要有严谨、追究到底的精神。有了这种严谨和追究，才能发挥员工的智慧，实现阿米巴经营。当然如果只对员工提这样的要求，那阿米巴经营是长久不了的。全员参与式经营，并不是把经营扔给现场不管。阿米巴经营对经营者来说是一种非常“辛苦”的制度，不适合想借此偷懒的经营者。

第 3 个条件：及时把前线的数字反馈给现场。

阿米巴经营是一种让现场员工根据数字做出判断，采取措施的制度。因此，必须及时把数字反馈给现场。如果等到一切无法挽回的时候，再把数字反馈给现场并追究现场的责任，会严重打击现场的积极性。因此，必须建立一种能够及时把数字反馈给现场的体制。

第 4 个条件：时常检查阿米巴的编成（即组织构成，包括组织的编制人数与形式）是否符合工作特性（尤其是工作流程）。

现代企业经营越来越重视灵活性和速度。如果阿米巴的分割和工作特性不符，就有可能在某些环节出现差错或无法灵活处理发生的问题。如果发现有比现在更利于发挥阿米巴潜力的编成办法，要毫不迟疑地进行分裂或合并，而且这项工作要由熟知现场的阿米巴领导人来做。为了保证阿米巴经营的正常运行，必须反复检测阿米巴状态，根据需要灵活改变阿米巴的编成。

第 5 个条件：员工教育。

现场员工如果缺乏一定的知识，就无法根据经营数字发现问题并找到合理的解决方法。这就需要基于实际案例加强现场教育，高层管理人员或经营者要有和阿米巴成员一起解决问题的姿态。尤其在引进的初级阶段，这种教育必不可缺。把经营扔给现场撒手不管，是无法实现真正的全员参与式经营的。同时，各阿米巴之间应该学会分享解决问题的智慧。

46 善用新干部、老干部的优势

企业往往面临新老干部的融合、使用问题，新老干部的配合、协作如果解决不好，成为组织内的一个大问题，就会造成组织割裂。

随着企业的发展，以前陪着老板创业和公司发展起来的老干部，其实也是公司宝贵的资产，他们对公司有感情、忠诚，但是能力、经验可能跟不上企业的发展所需；而新干部则是在能力、经验上给企业带来了新的改变，符合企业新阶段发展的需要。

企业要善于利用新来者的冲力优势，甚至无知者无畏的精神，去渡过一些难关。同时，要善于利用老干部的内部网络与资源，梳理问题，疏导复杂关系。

如果新老干部能够合作好，将会产生非常大的组织推力与作用，产生作用倍增的效果；如果新老干部不合作、冲突，甚至明争暗斗，对组织的损害也是加倍放大的。

两者能否合作，有些时候是看个人的格局与胸怀，但更多的时候，则是看双方的个性、风格是否匹配。这种匹配是非常重要的。这是新老干部能否合作的密码，匹配对了，就会对组织有正面作用，否则就会起到很大的负面作用。

我们在招聘一名干部的时候，往往关注的是新干部的知识、能力、经验，或者新干部与企业文化的匹配度，却很少关注和考察他和未来的上司、下属之间的匹配度，尤其是个性、风格的匹配度。这是外部招聘干部的核心风险之一，这项工作没有处理好，将会为未来埋下很大的风险。

而在新老干部的交替，处理好新老干部之间的关系方面，我们党的经验非常值得企业学习。在干部管理领域，党组织其实是做得最好的。

习近平主席曾说："爱护老干部就是爱护党的宝贵财富，学习老干部就是学习党的优良传统和作风，重视发挥老干部作用就是重视党的重要政治资源。"

对习近平而言，老干部这一身份意味着他们在缔造新中国、捍卫新中国、建设新中国、发展新中国进程中建立了历史功劳。2011 年，习主席在出席全国老干部工作先进集体和先进工作者表彰大会时说："尊重老干部就是尊重党的光荣历史。"

在河北正定时，习近平在重大事项决策前总要把老干部代表请来征求意见。节假日他还常常去老干部家中走访，听取意见和建议。这种作风延续多年，他担任十八大报告起草组组长时，起草组还专门当面听取老同志的意见。

而习近平第一次在《人民日报》发表署名文章，是在 1984 年 12 月 7 日的第 4 版，题目就是《中青年干部要"尊老"》。这篇评论分析了在当时机构改革，一大批老干部主动退居二、三线的时代背景下，如何做好新老干部合作和交替的问题。习近平提出的从"认真学习老干部的坚强党性""继承老干部的优秀品德""大力发扬老干部的优良传统"和"热情照顾好老干部的晚年生活"4 大方面尊老，对于当今社会意义重大。

习近平在文中指出："在我们干部队伍内部，实现新老交替不是个人或对立集团之间的权力转移，不是什么权势之争，而是为着同一个目标、同一个事业。因此，新老干部的交接班必须是既合作又交替。这里，‘尊老’是合作的前提，合作是交替的基础。”

习主席这篇文章文采斐然掷地有声，引用了很多古诗词，现转引郑板桥的一首诗，供大家细品其中真意：“新竹高于旧竹枝，全凭老干为扶持。明年再有新生者，十丈龙孙绕凤池。”

47
有意义的失败，无意义的成功

林枫留意到部分管理者眼里容不得沙子，在发现员工工作做得不好时往往横加指责，甚至有做事应该“一次性做对”的说法，对员工进行严厉批评，使员工无地自容，导致员工在工作中战战兢兢，生怕有一点“行差踏错”。这类管理者就像一个“行为判官”，随时拿着“戒尺”，对员工大发雷霆。

其实对员工工作上的失误，要根据场景进行区分，并进行相应的指导，才能真正取得使员工行为改正与绩效改进的效果。

在《复盘+：把经验转化为能力》一书中，作者提到除了看结果的好坏，也要看做事的人能否从中学习，也就是要区分“有意义的失败”与“无意义的成功”。

所谓有意义的失败，是指虽然事情做错了，或者绩效表现不佳，但做事的人能够从中学到经验教训，搞清楚了失败的真正原因，并找到改善的措施。这样，他下次再做类似工作时，就不会再犯同样的错误。这种犯错是有意义的，这种失败是值得宽容的。因为“人非圣贤，孰能无过”，人们就是不停地通过试错来学习的。

如果不允许别人犯错误，不宽容失败，组织中就没有人愿意尝试新的做法或新行为，只会按部就班，完全听从上级的命令，或者刻板地按照规章制度、既定程序来行事。这样，整个组织就不会有创新；没有人愿意变革，组织就没有生命力和适应力。

相反，无意义的成功是指，虽然事情成功了，但不知道为什么会成功，搞不清楚这里面的关键因素和机理，也可能是偶然的，不可复制或重现，意义并不大。

因此，管理者要懂得，无论成败，通过复盘，搞清楚成败的原因，从中学习到经验教训，才是最重要的。除了看结果的好坏，也要看做事的人能否从中学习，也就是区分“有意义的失败”与“无意义的成功”。

将军不是教出来的，而是在战场上打出来的。员工也同样不是教出来的，而是在一件件事情上磨炼出来的。

任正非也提到要“从失败中分析和提炼成功的要素”。他认为：“失败过程中蕴含了非常多的成功要素，不要因为失败就不再反思，要从失败中找出成功的要素，来促使自己尽快成熟。”

㊽ 如何在新的地方重获辉煌

在和 CEO 讨论干部时，林枫频繁提到一个观点，就是要在不同的场景中考察干部，特别是要创造新的场景，让干部有“从头再来一次”的机会，从中去发现自己、了解他人、了解组织，并增加对业务流程的熟悉度，增加不同场景下的工作经验，提升工作能力。

林枫发现，大凡成功的管理者都有一种能力，就是在新的地方东山再起，重新获得辉煌的能力。这种能力的形成，往往是经过了多次从 0 到 1，再从 1 到 N 的过程的历练，是一种宝贵的经历。

林枫所在企业的 CEO 非常深刻地谈论过这一点：

“新的管理者进入新组织后，不要先大肆谈论与引入原有的工作经验与做法，要先把自己打碎了，融进新的组织中，把事情整明白，把新组织中的人变成自己人，把业务搞清楚，并带领团队打过胜仗后，再把自己原有的东西（比如上一个单位的好经验与做法）放进来，你的价值和威望就真正形成了。

“真正厉害，获得别人认可，只有两条途径：一是带领团队打胜仗或帮助别人打胜仗；二是别人真正认可你是自己人。”

管理者要有 3 种能力：认清世界的能力，认清自己的能力，改变自己的能力。

而管理者敢于承认自己不懂是成长的开始，不懂的时候就问最懂的人："干这件事情最重要的是哪几件事情?"这样别人就会愿意教你，告诉你经验和方法，而这就是你成长的机会。

林枫也深深意识到，作为 HR 高管，要不断强化对业务的感知力，并落实到行动上，才能修炼出真正的能力。

能在新的地方从零开始，带领新的团队做出新的业绩，建立自身的影响力，这本身就要求管理者综合地具有各项素质能力，比如勤奋、谦虚、谨慎、高情商、适应能力、灵活性、学习能力、规划能力、团队管理能力、领导力……这些素质能力的集中体现，就是结果与绩效。企业 CEO 与 HR 高管要注意观察管理者崛起的周期需要多长。有的人两三个月就能够在一个地方建立起新的影响力，站稳脚跟，并在短时间内大大提升了新组织的绩效、团队士气，发挥出价值；有的人则需要半年或一年。这就可以看出一个人身上上述综合能力的强弱程度，以此来考察干部是很有效的。

七、第六件事：持续抓好文化建设

49
企业文化不聚则散，要常抓不懈

林枫兼有多年世界五百强企业及创业型企业的实践经验，他发现企业文化有一个共同的特点，就是需要经年累月地常抓不懈，不能有片刻懈怠——就像是一捆柴草，需要不断扎紧——你不抓了，它就会慢慢变散，逐步被稀释了。

企业文化就像一股气，气不聚则散，所以企业要通过各种形式来凝聚这股气，比如文化入眼、入耳、入心、入行，都是凝聚这股气的方式。

除了企业文化，企业目标也是这样的，需要不断聚焦。如果你不把众人之力凝聚到一个点上，向一个目标进发，实现组织“力出一孔”的作用，组织就会目标不聚焦，变成多目标，甚至无目标。

中国石油大庆炼化公司在企业文化方面做得非常好。《企业文化理念落地必须常抓不懈》一文就提到了该公司“心相通，情相融、力相合”的企业文化；文中论述“内化于心”“外显于行”“固化于制”的企业文化建设方法，具有典型性。

企业文化并不是简单地写在纸上、挂在墙上的装饰品，更不是保存在档案盒里的条条框框。一个企业的目标、企业价值观、企业精神、企业经营理念等经广泛征求意见并初步成形后，真正迫切需要做的是使之“内化于心，外显于行”，要让这些方针、目标真正从墙上走下来，从档案盒里面走出来，真正走到员工的心坎上，溶于员工的血液中。“内化于心，外显于行”需要经历一个认识、认知到认同、实践的过程。

这就需要着力做好以下工作：

（1）组织推进。要明确各级“一把手”是企业文化的第一传承者、第一推动者、第一责任人，把企业文化作为“一把手工程”来推进；明确各级管理人员是企业文化建设的主要承担者、宣传员，应当紧密结合业务经营管理工作，大力宣传企业文化价值观和经营理念。

（2）强化培训。把员工塑造成“企业人”是企业文化建设的根本目的。要把一个自然人、社会人塑造成一个“企业人”，必须经历用“同一文化”内化员工思维模式的过程，这一过程的主要载体就是培训。要让每一个员工都明白企业文化是什么，为什么要构建这样的企业文化，个人与企业文化的关系，如何体现企业文化等。只有企业全体员工都从内心认识、认知、认同了本企业的文化，才能将其内化为自己的价值追求和自觉行动，从而形成企业的文化力。

（3）正确引导。企业的观念文化比较抽象，如何生动形象地进行宣传教育？一是把“文化人格化”，比如阿里巴巴人把阿里文化人格化，持续深入地开展弘扬阿里文化的教育活动，强化了全员对企业文化的理解；二是把“理念故事化”，如某企业通过非洲大草原“狮子与羚羊”的故事，生动地阐释了“物竞天择、适者生存”的竞争理念；三是把“规范案例化”，运用正反案例的“震撼效应”，加深行为规范的指引力度，使之入脑入心。

（4）营造良好的氛围。根据心理学研究，一个人长期处于一种观念的熏陶下，潜移默化，内心深处就会认同这种观念。因此，要充分利用各种载体、各种渠道、各种形式大力宣传企业文化，营造一种浓浓的企业文化氛围。在这种氛围下，不求立竿见影之效，而求滴水穿石之功，久而久之，使员工自觉认同并形成习惯。

除了“内化于心、外显于行”，还要“固化于制”，导向与强制结合，增强员工执行文化理念的自觉性。

“固化于制”，就是用制度、机制来反映文化理念，将已取得的文化建设成果用规章、制度固定下来，对员工既是价值观的导向，又是制度化的规范。

员工对企业文化由认知、认同到自觉践行，有一个从不自觉到自觉、从不习惯到习惯的过程。在这个过程中，制度文化的刚性约束与观念文化的柔性疏导相辅相成，以克服人的“惰性”，使企业文化的贯彻变得流畅而坚实。

“固化于制”，更艰巨的任务是建立公司治理与现代企业制度。建立公司治理与现代企业制度，一个实质性的步骤是实行股份制改造。明晰产权结构、完善法人治理结构，使企业的权力机构、决策机构、监督机构、经营管理层规范有效地运作与制衡；建立公司治理与现代企业制度，一个关键性的改革是建立有效的人事与激励约束机制。变“相马”为“赛马”，建立公平、公正、透明的人才“赛道”和“以业绩论英雄”的绩效考核体系，使能者上、平者让、庸者下。重视人才的培养和培训。建立公司治理与现代企业制度，一个重要的举措是建立内控与风险管理机制。对企业的战略风险、信用风险、市场风险、流动性风险、操作风险、法律风险等进行全面管理。制度是物化了的理念，制度是观念、行为、习惯产生的土壤，从这个意义上说，制度就是文化力。

企业文化理念落地是做好企业文化建设的前提和保证。落地工作不能一蹴而就，应该是个长期的过程。只要坚持不懈地将企业文化理念落实于企业日常的经营管理工作，日积月累，企业的理念必将通过全员的日常行为体现出来，形成企业的整体统一的行为识别。

50
形成自己团队的独特文化

在公司的文化之下，每个小团队还会根据团队管理者的特点发展出自己独特的文化，这种文化是与团队一把手的风格密切相关的，可以说是团队一把手的文化外化。

林枫所带领的团队，有以下几个鲜明的特点：

（1）清晰、明确和透明：作为领导，要尽可能清晰明确地表达意见，让下属没有疑义，信息无限逼近透明化。你的想法越是毫无障碍与偏差地传递给下属，下属越能把它实现出来。

（2）做事的文化：团队内以做事为主，谈论事情，基于事情及结果进行评价，在完成的事情及结果的基础上进行激励。只用事情及结果这把尺子去衡量团队所有成员的工作，做事情的结果就是绩效，就这一个简单的标准，没有其他复杂的因素。

（3）不断做有意义的事情：让团队成员都能有所成长，多参与有意义的项目、有挑战的事情，鼓励团队成员外出参加培训学习与交流，不断在学习中成长。

通过以上方式，林枫使团队成员的能力、绩效和士气都得到了快速提升。

在任何行业，团队合作都是一种比较有效的工作方式。如果你可以将一群天资各异的人组成一个团队，并让他们发挥自己的专长，那么这个团队不仅将释放巨大的能量和创造力，还能反过来促进每个成员的成长和发展。

而团队文化是优秀的团队必须具备的，尽管具体方式有所不同，打造团队文化大体可分为5个步骤：

（1）建立团队导向型组织。

将团队合作作为公司的核心价值观之一，并给团队足够的授权让他们实现自我管理和独立决策。团队合作不能只是口号，你必须允许团队用他们自己的方式方法完成工作，并学会独立反馈和思考。

（2）明确团队目标。

团队应被赋予重要的指标或项目，整天只想着聚餐和团建是没有意义的。当你看到新的市场趋势，或者需要新的观点，都可以选择组建团队开始讨论执行。组合各种属性的人是非常有必要的，一群只会在同一时间做出同一决策的人无法组成高效的团队。你可以鼓励团队进行打破边界、颠覆传统的思考，以在实现目标的同时为企业持续注入活力。

（3）鼓励非正式团队。

大多数情况下，成员之间在企业内的合作都是以“非正式团队”的形式完成的。因此，鼓励企业成员以非正式团队的方式合作是必要的，这有助于企业成员获得资源，抓住机遇，实现创意。当成员拥有一定程度上的自主权，无须上层领导的决议就可以推进事项，企业效率就会越来越高。一位管理专家说过一句话——“非正式沟通解决的问题越多，越像一个团队”，是有一定道理的。

（4）进行交叉培训。

当成员了解企业不同部门的工作方式，他们在做决策时才更能倾向于从整个公司的利益考虑，而不仅仅是自己的部门或团队。因此，你可以为成员跨部门学习创造机会，每天、每周，甚至每月进行一次都是可以的。对于高级管理人员，尽管横向跨部门工作可能是不现实的，但可以进行纵向角色互换，比如让他们体验与客户直接接触的一线工作。这种叫做“交叉培训”的方法可以让成员对整个公司的运作方式有新的认识。

（5）提供资源和机会。

不论企业中的个体如何优秀，如果没有团队合作的条件，上面的一切都是空谈。团队成员需要可以开会讨论的场所和时间，比如拥挤的小会议室显然不是理想的选择，而团队成员间的时间因为公司安排是被错开的，这个团队也就名存实亡了。因此，如果你希望企业成员间进行团队合作，就要提供必要的资源和机会。另外，还可能需要提供预算、授权等。

51
“大开大合”的管理并非正常的管理

有的CEO喜欢那些具有“大开大合”能力的管理者，这样的管理者能帮助自己大力开展变革，破除陋病，大力度招人，大力度砍人，不留情面，铁血无情。一位CEO说：“我把公司从100人做到600人，现在觉得这些人不行，我可以重新降到100人，再重新招人；原来很多人招错了，导致有‘癌’细胞，这样再生长出来也是不健康的组织，所以我要清除掉这些有‘癌细胞’的部分，然后让它重新生长出来。组织架构方面我也要大破大立。”

其实，这种讲究“大开大合”的管理方式并非正常的管理方式，来得快去得也快。组织能力的培育是需要时间的，包括内部的沟通机制的建立也是需要时间的，管理应该在实践中逐步演变、进化，这才是正确的管理方式。

“大开大合”很多时候是一种无谓的折腾，是起起伏伏，是不断回到原点，从零开始，其中损耗了很多时间、精力和资源。

除了少数积重难返的情景，需要以非常规的手段进行猛烈的变革，大部分情况下我们应该采用渐进式的管理。

任正非一直强调华为的管理要静水潜流，沉静领导，灰色低调、踏实做事，不张扬，不激动。

静水潜流之道就是表面看似平静，其实不然。水代表了世界上最柔弱的东西，但又能战胜其他强大的力量。老子在《道德经》中就说："天下莫柔弱于水，而攻坚强者莫之能胜，以其无以易之。""上善若水。水善利万物而不争，处众人之所恶，故几于道。"水，以柔克刚，弱者也即强者，天下莫能与之争。

静，是一种没有摇旗呐喊的张扬；不显山不露水，是一种不虚张声势的收敛；像是一种"蒋干盗书"的安排，正如周瑜，看似漫不经心，其实是目标明确，精心策划，含而不露，心机深藏，一切都在不言中达到目的。静，并不是真的平静，真的什么都没做，而是表面看起来平平静静，其实是春雨润物、水滴石穿，蕴藏着巨大的能量，起到"于无声处听惊雷"之效。

假如你不知水之深浅，就拿起石头扔进水里。水花溅得越高，水声越是响亮，水就越浅，而溅不起水花，没有多大水声，那水一定是深不可测的，其蕴藏着的力量是巨大的。这就叫做静水潜流。

沉静的领导者是指这样的：他们选择负责任的、低调的、幕后的方式，来解决各种棘手的或者不棘手的问题，而不是扮演公众英雄。他们与传统意义上的大胆而勇敢的领导形象完全不符合，因为他们根本不想那么做。他们想要的，就是去做正确的事情，为了他们的国家、他们的组织、他们的同事，以及他们自己，但是他们表现出来的却是沉静而不动声色。

沉静领导者这一名称首先出现在美国哈佛商学院教授巴达拉克在 2002 年写的一本书中，名为《沉静领导》。这本书写于美国安然等丑闻事发之后，作者对最先揭露安然内幕的原安然副总裁沃特金斯及类似她那样的领导者作出了正如书名一样的评价。

人们喜欢轰轰烈烈的英雄，而媒体善于把原本沉静的沟通描述成勇敢的爆发；而这又进一步误导了年轻的公众，以为英雄是如此的偶然，他只是遇上了一个机遇。而沉静领导者依然默默无语。

大多数的卓越领导者通常并非公众英雄。他们不是抱持高姿态、为理想而战的斗士，而且也并不愿意成为那样的人。他们也不会充当道德讨伐运动的急先锋，他们的一举一动都很有耐心，非常谨慎，循序渐进。他们做正确的事情——为了他们的组织，为了他们周围的人们，也为了他们自己，不动声色，毫发无伤。

诺贝尔和平奖获得者阿尔贝特·史怀哲认为：“在人类对理想的所有追求中，只有一小部分能够在公众行为中得以显现。其他所有的这种求索，都只能是细微和模糊的行为。然而，它们加在一起的力量总和，要比那些众所周知、广泛认同的行为强大千倍，与前者相比，后者就好比深海波涛上的泡沫一样。”

52
对组织规则与决策的敬畏

很多组织没有执行力，就是因为成员缺少对组织规则与组织决策的敬畏，以及对组织文化的敬畏，认为做不做无所谓，公司怎么样都可以商量。

马云在企业管理的规则坚持上是非常严格的，表现在：一是指标一旦定下来，就不允许对经营目标进行博弈——对规则进行博弈，你可以提出资源需求，但不可以改目标；二是干部在按照公司政策、规则与员工沟通时，不能把责任推给公司及上级，否则即被淘汰。

公司要贯彻执行力文化。将一个经大家讨论决定下来、发布出来的政策坚决执行下去，其实错也错不到哪里去。

林枫在 Y 企业内，引导公司管理团队做了这样一个不成文的约定：如果规则确定了，公司就不再让业务干部觉得是可“谈”的，不再允许博弈，不再“商量”；没有绝对的公平，只有责任与担当，自行考虑，去留自便。公司会坚决捍卫规则的严肃性和权威性，已做好任何人都有可能走掉的最坏准备。

对人不妥协，对事不妥协。要让干部知道，公司是不会因为个体改变规则的，除非是公司经过复盘，发现规则确实不合理，经过组织决策，在下一个周期中进行优化。

阿里巴巴认为价值观永远第一，绝不妥协。以电商起家的阿里巴巴，将组织和执行力放在第一位，这也是阿里巴巴能够在运营上做到极致的原因——运营的魔鬼都在细节，因此阿里巴巴产生了效率导向、执行力为王的文化。

所有的竞争都是文化和组织的竞争，公司最大的损失是员工行为的不一致，这会造成山头林立、效率低下的情况，要确保从上到下都有同样的行为，心无旁骛，坚决执行。

53
关注你的目标，不要争对错

公司经常会出现内部的人员，特别是不同部门的管理者在争执对错，为了在内部证明自己是对的，不惜把时间、精力耗费在内部沟通和博弈上，结果忘了自己的目标是什么，对客户的承诺是什么。

对于客户来说，客户永远只找最有用的人；对于公司来说，公司要定义出做什么事，找什么样的人；组织只需要找到对的人，让其把公司的“基因”、组织的决策发挥到极致。

作为业务干部，关注目标是最重要的。把握住这点就不会纠结，不纠结于对方的沟通方式，比如领导对我说话时是否和蔼，而是关注“我这个岗位的目标是什么”“我有没有达到这个目标”之类自身的问题。很多时候，公司高层管理者需要搞清楚为什么做这件事情，也就是“为什么”的问题，而中基层干部只需要理解这个政策并落实下去，员工则把它执行好就可以了。

所以，华为强调高层要有决断力，中层要有理解力，基层要有执行力。我们分别来细看。

（1）砍掉高层的“手和脚”。

高层干部只留下脑袋来仰望星空、洞察市场、规划战略、运筹帷幄，不能扎到事务性的工作中；关键是要指挥好团队作战，而不是自己卷着袖子和裤脚下地埋头干活。

砍掉他们的“手和脚”，就是要他们头脑勤快，而不要用手脚的勤快掩盖思想上的懒惰。

高层干部要确保公司做正确的事、进攻的方向是对的、进攻的节奏是稳妥的；要协调好作战的资源，保证其是最优的。

（2）砍掉中层干部的“屁股”。

就是要中层干部走出办公室，去现场，实行走动管理，因为答案在现场，真相在现场。中层干部不能光坐在办公室里打电话。

（3）砍掉基层员工的“脑袋”。

基层员工，要向其强调在各种场合都要服从组织纪律，建设流程化组织，建立业务规则。基层员工，不管你是硕士还是博士，必须遵守公司的流程制度。

不成功的管理者总是关注问题，而成功的管理者更多是关注目标。

不成功的管理者通常在事情还没有开始做之前，就会看到无数的问题，他们与目标之间似乎总是有一段很遥远的距离，因为中间永远隔着无数的问题。他们让这些问题顶在鼻尖上，遮住双眼，他们与问题之间的关系是很亲密的。

这些管理者习惯把精力和焦点放在问题上，热衷于寻找问题，甚至抱着问题不放，有时让人不得不怀疑他们是否得了“问题上瘾症”，这种人根本不可能有剩余的空间和力量完成自己的目标。在旁观者的眼中，他们的头脑里永远都是问题，而且都还显得非常真实，即便是其他人想要帮忙，也爱莫能助，连真诚想给建议的人也无从下手。

林枫观察到身边成功的管理者有一个特点，他们无时无刻不在关注目标，以至根本没有时间和空间处理那些层出不穷的问题。周围的人羡慕他们的成就，还有不少人自叹运气不如。当林枫与他们深聊之后，才发现他们失败的经历一点都不少，只不过他们眼中只有目标，所以总是忽略问题。

这样的管理者，即便是身边的人不断地提醒前路有多少障碍，他们只会将自己的目标放得更大，同时也让自己变得比问题更大，以致这些问题都缩在脚下；他们明白自己需要的，只要一个一个去解决问题就好了，然后就能实现目标。

要想成功，管理者首先要与目标建立亲密的关系。与其抱着那些暂时解决不了的问题担心和恐惧，不如抱着目标，把焦点放在探索成功的可能性上。这是管理者每天都必须训练头脑做的事情。

在公司的经营会议上，林枫经常看到某些大项目跟进推动的速度与结果令人不满意，而负责这些项目的业务主管总是找各种原因和理由推卸责任，把责任归于外部环境或其他部门，在描述结果时也倾向于定性的描述，给予开放性的完成时间。林枫认为，这是有问题的，因为这样的计划是无法管控的。

因此，林枫在会议上向业务主管提出，在公司会议上要以目标为导向，多讲具体时间、定量标准，多讲必须——必须在关键节点上定死目标，采用量化的结果，锁定时间，强调必须完成的要求，这样才能推动事情结果的完成。

为了这些结果的达成，业务主管必须抓好关键行业、关键客户、关键项目、关键问题，并在这些关键要素上投入足够的兵力。

除了这些定量化的结果，各部门考核指标还应该包括重大预警问题、战略专题的考量，前者是为了预防与避免风险，后者是为了获得未来的竞争优势。

54 做什么样的事和做什么样的人

很多创业型企业只是抓业务，不太重视使命、愿景、价值观之类软性的东西，这其实是急功近利、顾此失彼的做法。

使命和愿景诠释了我们要做什么样的事，而价值观诠释了我们要做什么样的人。

使命是什么？字面上可以理解作“与生俱来的责任”，好的使命需要明确地回答一个问题：“我们企业的存在，对这个社会有着什么样的意义？为什么是我来做这件事情？”用一个词来说就是：找意义。

愿景是未来要达成的阶段性目标。同样用一个词来概括：寻目标。通常企业愿景与企业自身能力有很强的关联。

在美国的战略理论界，明确地将使命与愿景区分为目标陈述和任务陈述，二者存在逻辑关系，使命是做什么，愿景是怎么做。

有了使命和愿景，公司就有了存在的意义和要实现的目标。

很多企业都喜欢通过定制度来控制员工行为。其实通过制度来强化价值观，从而形成规矩才是靠谱的事情。

如何理解价值观呢？最通俗的解释就是支撑我们日常行为的思想准则，用一个词概括就是“树要求”。

价值观一定要让人感同身受，不能过于空泛。一定要“说人话”才能被记住，比如“老干妈”的价值观非常简单明了、通俗易懂，就是要实实在在地做人做生意，实实在在地、脚踏实地地把产品做好，不要弄虚作假。

确立企业的使命、愿景、价值观，就是在找企业存在的意义，确定企业达成的目标，最后通过一致的价值观来控制集体成员的行为。

对于初创企业，成立之初就明确使命、愿景、价值观，并在日后的发展中不轻易修改，会更容易凝聚团队士气，也更容易找到适合的人才。

开辟业务新领域或研发新项目时，除了考虑市场情况，分析这个任务是否有助于达成企业的使命、愿景，是否符合企业的价值观，也是非常重要的事情。

另外，当企业发生干部与员工等个体层面上的事情时，特别是处理极端事件，如冲突与危机事件时，也要检验处理的标准是否符合企业价值观的要求，并按最符合价值观要求的标准去做。

价值观是什么？从本质上说，就是判断对错的标准。无论个人、组织的价值观，还是社会的价值观，都是如此。企业的理想可以用使命来诠释，没有使命，企业就失去了前进的方向，经营者就会迷茫；而缺少了价值观，尤其是核心价值观，我们就失去了判断对错的标准，各种急功近利，竭泽而渔，甚至违背道德和法律的行为就会顺势而生。

一件事情该不该做，什么该赞赏、什么该批评，判断的标准就是价值观。德鲁克在《卓有成效的管理者》中说到组织的3项成果：直接成果、价值观、人才培养。并进一步说：“一个组织必须有自己的主张和想法，否则就难免解体、混乱和瘫痪。”这里的“主张和想法”，就是价值观。离开了价值观追求所谓的

“成果”（比如市场扩张、营业收入与利润），其结果是非常可怕的，而且这种“成果”也不可能持续，它必然是短期的。

价值观必不可少，那么企业该建立什么样的价值观？如果用一句话概括，就是“以客户为中心”，这是核心中的核心。原因很简单，企业存在的价值就是为客户创造价值，营业收入、利润只是必然的附属品罢了。成功企业的核心价值观，无一例外都是在此基础上的推论与演绎。

以华为为例，其核心价值观为：“以客户为中心，以奋斗者为本。长期艰苦奋斗，坚持自我批判。”如果进一步展开，一共有6点：成就客户、艰苦奋斗、自我批判、开放进取、至诚守信、团队合作。后面的5点其实都是在阐述如何做到“成就客户”，或者说“以客户为中心”。

价值观从哪里来？它其实是企业创始人（最高经营团队）的人生观在企业中的映射。我最欣赏稻盛和夫先生的价值观，稻盛和夫强调判断一切事物的基准，就是“作为人，何为正确”。其实也就是“致良知”，敬天爱人，敬畏上天，关爱众人。天理即良知，依良知而行，即是循天理而动；循天理而动，必得天助。我们理解了这一点，所有的行为就有了根据。

⑸ 要让能解决问题的人焦急

在公司高层的经营会议上，林枫看到一个现象：对于各部门存在的问题，就只有 CEO 很急，但他不是真正能解决问题的人，真正能解决问题的是各部门的高中层管理人员，他们反而不焦急。

这是一个奇怪的现象，也是不正常的现象，真正应该做到的，就是让能解决问题的人急，不要让不能解决问题的人急。

组织中能解决问题的人才，是稀缺的资源。大多数人都只是一个执行者——会做事，会做正常的事，会做顺境中的事，会照现有的组织规章做事，但是一遇到问题、一遇到困难、一遇到逆境，就束手无策，不知如何是好。

管理者要成为能解决问题的人。不能解决问题的管理者，只会把遇到的问题原封不动地还给公司，期待上级领导来解决。如果遇到环境不景气，业绩大幅下降，不能解决问题的管理者只会告诉公司：因为市场不景气。如果你问他如何解决？他通常只会说更努力工作，还会说整个团队都已全力以赴，辛苦异常，可是业绩仍然没有起色。

有些企业还存在这种怪象，就是站出来想解决问题的人就成为被“甩锅”的对象。有问题发生了，没有人站出来，站出来想解决问题的人，就会被“群起而攻之”，成为被“甩锅”的对象，这些攻击他人的人却丝毫不想自己的责任。这是一种不正常的文化，不是基于解决问题，看事情本身如何处理更合理、如何进行更好的流程分工与协作的态度，而是躲在后面，让别人去“挡枪”，这是一种很不正常的文化。

如果遇到会解决问题的管理者，他会想出各种对策，尝试去缩小业绩的差距，而且说得出他用了哪些方法，额外争取到哪些业绩，而且能证明市场平均降幅是百分之多少，而他们做了那些事之后，公司的业绩只降了百分之多少。能解决问题的主管，不见得能解决所有的问题，但他们一定能想出一些方法，解决部分问题，让问题带来的伤害减少。

一个好的管理者会培养出解决问题的能力，让自己能处理危机，扭转逆境。而学会解决问题，首先要相信问题一定可以解决，尝试各种方法找答案；其次要打破既有的工作框架，去做一些平时不会做、不可能做的事。总之，要想尽办法做出一些改变，让不可能变成可能。

成功的管理者一定是能解决问题的人，所有的管理者都要提升解决问题的能力。当管理者发表意见时，请确保掌握和描述的是事实，是基于理性的分析和判断，并且记住时刻本着解决问题的立场。企业必须充分调动各方面人员的积极性，聚焦解决问题与战略落地，形成全局工作的强大合力。

56
用良好的结果来提振团队信心

林枫看到一些业务部门在开月度或季度绩效会议时，反复问大家有没有信心，得到大家一遍遍的响亮回复后才罢休。特别是在经营状况不佳、团队士气低迷的时候，有些管理者经常通过大会小会高喊大家要有信心，包括让自己的上司也来给团队信心。他们提出“信心比黄金还要宝贵”，所以一定要对自己有信心；他们认为，有信心就能战胜困难，得到预期的结果。

林枫也曾经身为其中喊话的一分子，深知不管嘴巴上喊得多么响亮，内心仍可能是波澜不惊。林枫认为，信心是要有来源的，来源是什么，其实就是积极的改变，当你的团队看到情况有好转，一切向着好的方向转变，自然会产生信心。所以，信心是积极改变之果，是油然而生的，根本不用喊。

也就是说，嘴上喊的并不能体现内心。信心不是喊出来的，信心是在“战场”上打出来的，只有扎扎实实的、硬邦邦的结果，才会让人产生信心。

企业要让管理者、员工有信心，就要让管理者、员工不断看到实实在在的成效和变化。HR 高管要鼓励业务主管在有战略意义的项目上砸出“大坑”（有重要成果），从而提振士气，因为“大坑”才有足够的震撼力与威慑力。

我们看到，真正不断吸引人才的企业，永远是那些处在增长中的企业，特别是高速发展的企业——发展是吸引人才的最有利因素。驱动企业增长与盈利，就能够为企业持续吸引与保留人才。

所以，为什么大家都喜欢去发展快的公司、业绩好的团队？是因为在这些组织中的成员会自然地生出信心：在这里成功的概率高，员工有更好的成长、更好的回报，团队的士气更高涨。谁不喜欢待在有前途、有发展的组织和团队呢？

当然，企业文化与组织氛围等因素也是需要的，但其对人才的吸引力往往不如发展来得直接。快速发展的企业，会让人产生"在这个企业干有奔头"的认知。企业在行业市场上有地位，快于市场平均速度的增长，员工就感觉有未来，有未来才有想象空间。因此，要用未来牵引现在。

还有一点是，信心不是喊出来的，信心是"打"出来的。就像军队一样，打下了这座城池，攻下了这个山头，就会多生出一点信心；多打下几座城市，多攻下几个山头，信心会逐步增加，士气也会高涨起来。所以，只有通过团队不断攻坚克难，克敌制胜，才能用胜利奠定和铺就信心之路。

企业内每个部门的业务主管也一定要用结果来说话，用良好的绩效结果来鼓舞士气，提升员工信心。如果部门不断取得新进步，不断呈现出新气象，部门在公司内的价值、地位与影响力也会同步提升，员工的成就感也会油然而生，即使工作忙一些、累一些，也不会在意，因为他们在成长、在发展。

因此，管理者一定要在脑中牢记，要用发展来解决信心问题。如果没有发展，无论内部关系怎样和谐、对员工多么宽容，仍避免不了周边给予的压力，管理者与员工会变得不自信，甚至在公司内抬不起头来。

很多管理者不明白这个道理，过于重视内部管理，但经营与管理之间，一定要把经营放在首位。管理是为经营服务的，失去了经营，管理是没有价值的，它也失去了指向，其意义也会受到质疑。

林枫认识的一位企业高管说了一句很经典的话："经营好了，什么都是经验；经营不好，经验什么都不是。"不难看出，管理是以经营为准星、为依归的。因此，管理者脑子里要时刻有经营目标，无论什么时候都要用经营来作为衡量管理工作效果的标准，不要因为管理而冲淡了经营。

所以，我们要不断让团队看到、参与并见证组织、团队的积极改变，用这个改变去引领他们增长信心。

与其不断地通过喊口号去激发大家的信心，还不如积极面对，踏实行动，有步骤、有逻辑地做事情，一步步往前稳健迈进，逐步取得成果，这样才会逐步获取最坚实的信心。管理者要带领团队用结果来证明自身，用结果来激发员工的信心。

对于每位员工也是如此。从他能够通过努力，跳一跳就能够得着的目标开始，当取得一定的成功后，就多了一点自信，然后再挑战下一个高一点的目标，达成后又多了一点信心……成功与信心是同步累积而来的，"成功是信心之母"。

57

管理者只是负责人，基于能力定级

林枫看到一家互联网公司CEO亲自发布了一则宣言：

“即日起，取消所有人的官职。除上市公司必需的董事长、总裁、董事、CEO、CFO、CMO、风险管理……不再有副总裁、总监之类的职位名称。

“未来的协作上，我们只有负责人，管理者只是负责人。不存在你是多大的官儿，所以你说了算。因为你要承担责任，所有你有权利做决策；因为你是负责人，所以我得听你的——遇到不同意见时要不我说服你，要不我听你的，确定后坚决执行。”

这位企业家提出，公司员工在未来的成长道路上只有一个级别，那就是“能力”级别。他们会在企业内按照员工的能力划分不同的级别和对应的职称名，明确不同级别的要求、成长路线，指导每个人实现自己的成长目标，每个人都会知道自己当前的能力被评估为哪一级别，并清楚该如何提升自己的能力以达到更高级别。这家企业也组织了很多的培训和练习活动，以及更多的实战指导，帮助人才不断提升能力。每个人承担的责任和他的能力，主要跟他的薪酬挂钩；每个人的潜力和重要性，主要跟他的期权挂钩；每个人拿到的绩效结果，对组织的贡献结果，主要跟他的奖金挂钩。

这家企业的做法非常好，可以提升员工的责任意识，而不是官位意识。像阿里巴巴的“花名”可传递平等文化一样，公司可慢慢地把“负责人”文化传递给客户。在给客户做自我介绍时，管理者如有需要应该顺便解释一下“在公司所有人都没有职位，谁负责谁就有权力，所以‘负责人’就是我们的职位名，承担责任的大小就代表着权力大小。比如上海营销中心负责人就是对整个上海营销中心负责的人”。

那么，这家企业对外用什么职位名称呢？就用负责人。管理者对外名片写着“某部门名称＋负责人”，非管理岗位的员工会根据公司内的级别给其一个对应的职称，比如高级工程师、研究员、科学家、高级营销顾问等。

在职位名称方面，这家企业只允许部分的业务环节出现一些特殊情况，比如一线销售小组的负责人可能需要印制某个职位的名片，见客户时才更方便对等交流。其他岗位的特殊情况都需要找这家公司整体的负责人单独申请，原则上特殊情况越少越好。

务实、做实的文化，是我们始终应该传递的。尽量去除一些务虚、虚妄的东西，回归本质，贴近事物最朴素的原理，遵循事物发展最基本的规律，尊重常识，组织才能一步步走向成功。

企业就是在不断的做实中奠定企业发展基础的，也是在不断做实中持续取得成功的。

58 要让组织的意志得以贯彻

企业在成长过程中，一直面临着一项挑战，就是组织的意志是否得到了贯彻。多少企业，管不住分公司、子公司，管不住干部、员工，逐步丧失了管控力，想做什么都有心无力，这样的企业迟早会垮掉的。

因此，组织意志的贯彻程度是企业能否获得持续发展，以及减少发展风险的重要衡量因素。前面也提到过遵从组织规则与组织决策的重要性，这里进一步上升到组织意志的角度进行强化说明，因为这实在是太重要了。

很多企业在发展到一定规模的时候，或者通过业务多元化实现进一步扩张的时候，往往发现遇到了很大的瓶颈，就是干部队伍无法支撑企业发展。无论是数量还是质量，干部队伍都不能适应新的形势，而且干部队伍的活力、动力不足，通俗地说是“冲劲儿不够”。原因可能是管理干部思想惰怠了，或者是专业及管理能力跟不上了，特别是当企业业务转型升级或进入新的业务领域，干部队伍的能力明显欠缺。

反观华为，其干部队伍有几个明显的特点：数量大且执行力极强，公司一声令下，干部背起背包就冲向五湖四海；管理能力出色，能够满足业务不断发展的需求，而且愿意和公司生死与共，敢闯敢拼，且能够持续奋斗。这是一支名副其实的“铁军”，其特点简单概括为：“派得出、动得了、打得赢、不变质”。这是华为过去乃至未来持续胜利的关键。

在干部管理上，管理者就要有不迁就的意志，要有管理强度，组织意志不要屈从于个体意志。只有这样，干部铁军才能炼成，达到“派得出、动得了、打得赢、不变质”的状态。

企业要加强组织意志的贯彻，鉴于很多企业的管理层和员工普遍缺乏规矩与执行意识，企业甚至可以壮士断腕。

在 Y 企业内，林枫不断在与那些随意挑战组织意志的行为做斗争，但他能够坚定原则不放松，付出不少才换来了组织意志的不动摇。林枫曾在一次管理层会议上，面对个别“一方诸侯”对总部的分配激励规则进行挑战，CEO 高德与 HRVP 林枫都面临巨大的压力，这时林枫义正词严地说：“任何人，要么你服从组织的决定，要么你离开；要么我守住组织的底线，要么我离开！”林枫抱着这种置之死地而后生的勇气与决心，才真正捍卫了组织的权威，一正组织的风气。

发明家爱迪生说：“伟大人物最明显的标志，就是他坚强的意志。”作为一种力量、一种精神，意志力是指一个人或一个组织想要达到某种目标而自觉奋斗、永不退缩的心理状态。它表现为一种承受能力、一种精神气质。一个人意志力的坚强或薄弱，主要是指在承受困难的过程中，这种精神气质能有多大程度的展现。我们可以虚拟一个关于意志力的坐标或数轴，这种精神气质在坐标或数轴的正方向延伸得越长，意志力就越坚强。反之，意志力越薄弱。

企业要树立一种组织权威感，即公司这个组织有权威、有公信力，让员工认可这个公司。组织权威让所有员工，包括管理者，对公司的规章制度及公司的游戏规则产生敬畏心。

有了组织权威感之后，随着公司规模的不断扩大，经营管理有序的组织就具有了可复制性。那么在企业管理过程中，如何建立组织呢？

（1）要有明确的组织游戏规则。

一个组织一定要有明确的规则，要让这个组织里面的所有人都按照这些规则去行动。在企业中，这些规则就是清晰明确的规章制度、标准化的流程。当企业发展到一定规模以后，一定要注重体系化建设，注重流程化建设。体系、流程、制度就是将个人权威向组织权威转化的一座桥梁、一个工具。

要想把个人权威转化成组织权威，第一步就是要有明确的规章、制度、流程，明确的组织运作规则。

（2）一定要将个人的权威置于组织权威之下。

组织是拥有最高权威的。怎么做才能树立组织权威？就是要将个人权威建立在组织权威之下，或者说个人权威是建立在组织权威之中。通俗的理解就是个人权威的形成是通过完善的规章、流程、制度，通过完善的组织规则而被赋予的，而不是靠个人的魄力、个人的约束力、个人的责任心形成的。

所以，在抓管理权威性的时候，一定要注意个人权威和组织权威中间有一道鸿沟。这道鸿沟其实就是个人权威应被放在组织权威中，或者在组织权威之下；个人权威是组织通过规则，通过流程、制度、标准赋予的。如果是流程、制度、标准赋予了个人权威，这样的个人权威就是组织权威。反之，那就只是个人的权威，而且是凌驾于组织权威之上的个人权威，长此以往，对企业和个人都是不利的。

（3）持续抓组织规则、流程、规章、制度的落实。

当组织赋予了个人权威以后，个人权威一定是被用来持续地执行组织权威，一定是持续地抓组织规则、流程、规章、制度的落实这个点。如果没有在这个点上，久而久之会出现问题。

很多企业的高管，当组织赋予了他个人权威以后，个人权威会膨胀，最后变得不把组织规则、流程、规章、制度放在眼里。比如不按规定的时间上下班，出差不按照公司的规章制度进行报备，开会经常迟到等。

做管理就要树立管理的权威性，要树立组织的权威性，不能有任何人凌驾于组织规则之上。如果没有这种管理思想，企业做得再大，也只具有选择性权威，也只是选择性执法，最后就会导致组织没有权威性，也会导致个人权威性下降。

只有认识到了个人权威和组织权威的区别，完成了个人权威向组织权威的转化，才能在职场中很好地维护、执行企业的组织权威，不会选择性执法，也不会让企业养成小团队、“小山头”的文化氛围。这样企业才能朝着良性的方向发展下去，管理的权威性才能一步一步地建立起来。

59

阳光照不进来，细菌就会肆意滋长

林枫和一位HR同行沟通，这位HR同行所在的企业有个怪象：人事调动任免不通过正式渠道发布，只是总经理私下授权，让目标接任者去和被接任者沟通，而且这个模糊时期持续很长时间，然后员工都在猜测这件事情是真还是假、背景原因是什么，弄得流言满天飞。总经理固然不用去面对员工的疑问，却把问题和困难交给了接任者，把对方置于不利的境地。

这个总经理总是点对点地和某人沟通一些重要的事情，比如工作安排、人员调动与任免、组织结构的变化，然后让他们去传递给组织内的其他人……而这个被沟通的人在总经理的“授意”下，只能点对点地口头传递，传递的信息往往不对称，而且没有从公司的一把手口中或公司发文得到确认，只是口口相传。这造成的后果是公司内小道消息满天飞，说得有鼻子有眼的，越传越离谱。

而员工不堪其乱，纷纷离职，有一位离职的高层说了一句话：“阳光照不进来，细菌就会肆意滋长。其实只需要总经理在公开场合正式通告消息，并说明缘由，一切流言都会消散。”

这位离职的高层说得很有道理，要解决这个问题其实很简单，只需要企业有官方的、公开的正式发布渠道。

在传播学理论中，流言是一种信源不明、无法确认的消息或言论，通常发生在社会环境具有较高的不确定性，正规的传播渠道不通畅或功能减弱的时期。

流言发生有两个条件：一是流言通常围绕人们比较关心的问题，涉及人们切身利益的重要问题而发生；二是来自正式渠道的有证据的信息不足，状况的暧昧性增加，会推动人们通过流言渠道寻求信息。

那么流言有哪些特点呢？

（1）流言信息的快速增殖。指流言信息连同它携带的情绪以异常快的速度弥漫到人群当中。

（2）流言信息的奇异回流现象。指已经增添了许多新的内容的流言又重新传回它的发布者那里。

（3）流言中伴随着大量的谣言。别有用心的煽动者和利用者会凭空捏造信息来达到特定的目的。

面对流言该如何处理？

流言既然已经发生，除了企业足够重视外，首先要判断这个流言的危害程度，按A、B、C分出等级处理；其次看流言是影响个人的还是影响群体的。

对于影响个体的谣言企业可能放任自流，但对于群体性的流言企业就不能不引起足够的重视，否则发生多米诺骨牌效应是难免的，尤其是考虑到在群众中发生“羊群效应”的后果。

对于危机大的流言要成立危机公关处理小组，组织一把手出面处理和瓦解流言，以正视听。现在很多企业一把手害怕与干部、员工正面沟通，逃避问题，不敢正视流言。面对流言，高层如果敢于站出来，对内部员工召开一个正式辟谣的会议，或把公司战略告知下属，相信谣言会不攻自破。

60 不要挥舞价值观的大棒横扫一切

前文提到的那家企业任命了一位跟随老板一起创业起家，曾经主管业务的高管担任财务总监，她之前在业务部门因为情商不高，掌控欲望过于强烈，为人强势且苛刻，导致下属纷纷离职，人称“灭绝师太”。到了这个更加位高权重的位置上，她发挥的空间更大了，于是公司进入风气整改时期，加上总经理推波助澜，坚决站在财务总监一边，并捍卫财务总监的权威，导致她变本加厉，把公司的管理者与员工弄得不堪重负。

这位 HR 多次建言都无济于事，还收到了总经理的严肃“教育”，让他要端正价值观，和财务总监站在统一战线上。HR 终于明白了一点，在组织中，创始人与某些老干部、老员工有一种天然的信任情感，后来者是很难代替或冲淡这种感情的，因为老干部、老员工是创始人心目中最初的也是最后的“班底”，是创始人最后退无可退的时候，还守护在他旁边的贴身“御林军”。

该公司最后是这样的情形：总经理与财务总监戴着价值观的“有色眼镜”衡量与评判着一切人与事，并挥舞着价值观的大棒横扫一切；企业内风声鹤唳，各级管理者与员工在公开场合噤若寒蝉，背地里却火热议论，企业进入了一个“冰火两重天”的境地。

从这个例子可以看出，很多时候，企业不能把价值观的作用无限放大，更不能以价值观作为企业管理唯一或主要的管理工具。特别是对于还不规范的创业型企业，因为制度不健全，价值观很容易被滥用。通过制度、流程建立理性的治理环境，以完成的事情、绩效的好坏来评价人、激励人，把价值观作为一种辅助管理手段，弥补制度、流程所不能到达的地方，并成为组织氛围营造的一个方法。

这样，企业才能真正走上“正道”，不至于“头重脚轻”，才能沿着正确的路径逐步发展壮大。一只空船能够顺利航行，一定要有压舱石，因为在空船时，船的整体重心在水面以上，极易翻船。企业的“压舱石”必须是能称得出重量的事情、绩效、业绩，而不是难以捕捉、难以称出重量的价值观。

八、第七件事：修炼卓越的领导力

61
做“战略引领＋解决问题型”的领导

HR 高管应该形成一种怎样的领导风格，是林枫一直在思考的问题。这种领导风格不仅是在团队内部产生影响，在企业整体组织中也产生影响。

林枫不断观察、思考企业内的高管群体，从中识别哪些领导风格是最有效的，最后他总结出一个最能够得到认可，在组织内最能成事的“双元模型”领导风格，就是要做“战略引领＋解决问题型”的领导。

什么是“战略引领”？就是看得清楚未来的变化，在自身所在的业务领域有深刻的洞察力与准确的判断力，而且这种判断力被屡次证明是正确的，决策者也确是团队的好向导。比如营销副总对市场与营销策略的判断、选择，研发副总对研发方向与产品开发的判断、决定，人力资源副总对人才市场及企业人才策略的判断……这些都会形成对某个业务领域的局部战略引领，这些局部战略会组合成企业整体的大战略。

林枫在人力资源领域就是具备这样的“战略引领”意识与能力的领导。他能迅速捕捉到行业人才发展的趋势，并制定出应对策略。比如他在 Y 企业的人力资源例会中，结合外部人力资源政策的变化及 Y 企业的人力资源团队状况，对 Y 企业的人力资源团队如何发挥作用做出如下判断：

今天要传递给大家的是危机意识，是一种紧迫性，这种紧迫性体现在3个方面：

（1）国家薪税政策的变化，将给HR领域带来深远的影响。我们继续尽快、及时了解与掌握最新的政策，并为企业做好解决方案。另外，HR与财务、税务将越来越跨界，成为具备相应知识与经验的“双栖”人才，才能获得更好的职业发展前景。

（2）HR团队将从HR的专业角色与定位，转型为业务成功创造价值的角色与定位。如果不进行转型，HR团队在组织内的价值与影响力将呈逐步递减的趋势。原来的专业“赛道”我们已经跑到90分了，这个赛道剩下的路程已经不多了，我们必须更换“赛道”，在新的赛道上重新起跑，让自己获得全新的价值贡献空间。

（3）每个人都要有职业危机感，要力争成为“头部”人才。你在同龄人中，在HR领域中，是处在“头部”“中部”还是“尾部”的位置，希望每个人都能够做到心中有数；心怀危机感，不断自我提升，持续保持职场竞争力。

这种明确的方向感，会让团队较为清晰地看到未来的方向。如果这种判断被一次次证明是正确的，就会为领导者积累起团队深厚的信任感，就能牵引组织在正确的道路上不断前进。领导者最忌讳的是没有建立起方向感、目标感，没有自身对未来的判断，就会逐步丧失团队的向心力，产生离心力。而对方向的判断是需要被验证的，如果你所说、所做的被一次次验证，你的威信就建立起来了。

接下来我们看一下“解决问题型”的领导风格，如果把“战略引领型”与“解决问题型”作为一个全集，“战略引领型”通常不超过20%的比例，而“解决问题型”应该达到80%及以上。一个团队只有把时间、精力的重点放在做事上，解决具体的问题上，才能真正推动事情向前发展，才能让团队成员在解决问题、达成绩效上不断建立起信心，并形成对领导者的信赖，并乐于求助于该领导者，追随该领导者。

62

“开放、妥协、灰度”是递进的步骤

林枫一直在摸索HR高管应该形成什么样的思维习惯、工作风格，才能够整合大家的智慧，一起把公司的经营管理搞好。在职业发展路途中苦苦求索，他一直没有找到合适的答案。

直到有一天，他看到了华为CEO任正非的“开放、妥协、灰度”观点演讲后，深受启发。他特别认真地研读了《苦难英雄任正非》中关于灰度的一章，对“灰度”思想有了更深刻的感受。

精准、流程化一度是备受推崇的管理法则。但在实际操作中，也易导致官僚化，甚至造成人员“只对流程负责，不对结果负责”。最严重的后果之一，便是创新能力急剧下滑，很多企业就此倒下。

任正非曾在《管理的灰度》一文中指出，清晰的方向来自灰度，“一个清晰方向，是在混沌中产生的，是从灰色中脱颖而出，方向是随时间与空间而变的，它常常又会变得不清晰，并不是非白即黑、非此即彼。合理地掌握合适的灰度，是使各种影响发展的要素，在一段时间和谐，这种和谐的过程叫妥协，这种和谐的结果叫灰度”。

现实中，非黑即白的领域少之又少，每个创业者都面临着“灰度决策”。它指出了一条更易成功的路径——接受不确定和失败的可能，从而在更广阔的空间找寻正确方向。

《苦难英雄任正非》一书提到：

现代物理学讲灰度，那是黑白色之间的灰色。在这里，不是非黑即白，而是黑白一体。灰度，代表了无限的可能性，代表了巨大的无穷性。任正非借用现代语言“灰度”，替代了庄子的混沌。

这是一种大无畏的认识论，一种分分钟归零的灰度意识。

灰度，是无穷变化中的动态平衡点，也就是“叩其两端而执其中”，或“执两用中”。否定之否定，动态平衡点永远不会停留在一个特定的点上。在两极的抻拉中保持着动态平衡，这就是中庸。中庸不是简单地居中，而是动态平衡点的随机漂移着的“时中”。从这个角度上看，灰度即中庸。

灰度，更是一种自然而然的秩序。看上去不规则，看上去凌乱，看上去动态平衡点在随机漂移，而实际上每一个事物都有其缘起、发展、转化（死亡和新生）的生生不息、自然而然的过程。人主观所能做的，就是顺其自然，也就是尽量让事物自发、自动、自主。人体就是这样。每一个细胞核细胞群，都会随任何一种变化而改变组合与形态。

灰度哲学，是缘起性空的哲学。灰度中蕴含着无限创造性。灰度是大智慧、大学问和大创造力，是整个宇宙万象的真相，是万物的自然法则。恒无，欲以观其妙；恒有，欲以观其徼。此两者同出而异名，玄之又玄，众妙之门。

灰度，自然而然。人法地，地法天，天法道，道法自然。一切归于自然而然的一种主体运动，这是事物的本体论，也是事物的认识论，更是事物的实践论。本体论、认识论、实践论的高度一致，正是道法自然的境界。

华为资深管理顾问，也是《下一个倒下去的会不会是华为?》的作者之一，吴春波先生在《任正非的灰度观》中说：

我眼中的任正非，是游走在黑与白之间一个灰度的人：既脾气暴躁，又静水潜流；既铁骨铮铮，又柔情似水；既嫉恶如仇，又宽容妥协；既用兵狠，又爱兵切；既霹雳手段，又菩萨心肠；既悲天悯人，又收放自如；既恪守中庸之道，又明辨是非善恶；既霸气霸道，又谦卑谦虚；既爱财如命，又挥金如土；既内向羞怯，又外向张扬；既冲动，又自律；既成熟老练，又稚气顽劣；既低调内敛，又高调霸气；既简朴，又奢华；既不修边幅，又注意仪态仪容；既保守守旧，又紧随潮流；既胆识过人，又心存敬畏；既固守原则，又豁达变通；既实用主义，又理想主义。

从以上可以看到，在企业管理中修炼到一定程度的领导者，都会进入“执两用中”的境界，就是知道两端但不走极端，而是在其中选择一个合适的中间点，这是处在鲁莽与怯懦的中间的一点，是真正的勇敢，是沉静型领导的典型特征。

而经过深度揣摩与实践验证，林枫发现任正非提到的“开放、妥协、灰度”三者是一种递进关系。

首先，领导者要有开放性，他不固执己见，而是有胸怀，听得进各种意见与建议，这可能来自客户、供应商、管理者或员工，他都可以兼容而听，把其视为一种客观存在陈列于自己眼前。

其次，他采用自己思考、掂量或者众人讨论的方式，把这些不同的观点进行相互中和、平衡。在观点的互动碰撞中，产生一种化学反应，并有意无意、自然而然地对自己原来的观点进行修正，使其愈趋合理化与优化，这其实就是“妥协”的过程。

最后，当他完成了这一种奇妙的结合，最后得出来的是一种“灰度”的方式或方法，用以应对现实的场景，反而是最贴切的解决方式。其与现实场景的“吻合”程度可以说是妙不可言，是一种在现有资源条件下做出的最优化的决策。

当林枫以这种“灰度”的思维与方式去处理工作上的人和事时，发现自己进入了一种极为自由而灵活的状态，获得无限的创造力。也许不给自己预设立场，不设限，因事因地制宜，才是应对各种不确定性的最佳方式。

63 走好“正确的下一步”

很多HR高管在面临一些困难决策时，特别是两难的境况下如何做出最佳的选择，往往进入了非常纠结的场景。他们似乎预想到，自己做了一个决策，选择了其中一个选项后，就会得到一个可想见的未来的结果，或者很好，或者很坏。他们一想到未来，就感到痛苦万分，未来似乎是一个压在他们身上的重担，让他们不敢轻易做出决策。

林枫也陷入过这种两难的境地，但后来他发现自己痛苦的根源就是想得太远。比如工作中的不如意，他想起以后一直要待在这样的环境、处理这样的事情、长久面对这样的问题，就感到莫名的压力与无尽的苦痛。

其实，这种来自很远的未来的痛苦是没有必要的，因为它还没有发生，还有很多变数，也许你预想的未来痛苦场景有80%都不会发生。因为过程中的变量太多了，不确定性很大，有的是你可以预见的，但大部分是你不能预见的。

只有当你做了这一步的决策，走了眼前这一步之后，你才知道下一步应该怎么走，那下一步就存在很多可能性。最重要的是，你走好眼前的这一步，让它成为正确的下一步，然后你才更有资格与底气，才有更多的信息支撑，走好再下一步……这才是最稳妥、理性的思考与行动的方式。

有时候不要想太远，不要过多去想太远的未来怎么走，只要确保大方向不错，或者方向大致正确，而聚焦眼前这一步，把它走好、走实了，再去考虑与选择下一步怎么走好。

因此，管理要适度决策，而不要过度决策。适度决策在确保取得稳妥成果的同时，又能够避免风险，而且能够保持一定的柔韧性，避免脆弱性。

企业的发展也是如此。有的企业家很纠结两条发展道路选择哪一条，甚至两个产品选择哪一个，面对一个黑科技是相信还是不相信……其实，都是陷入了一种两难的判断与决策境地。

林枫认为，以上这些纠结大可不必，只需要权衡利弊，在目前能够掌握的信息背景下，做出“正确的下一步”决策即可；当你走下了一步，迷蒙的前路会看得更加清晰，前路会有更多的信息呈现出来，帮助你做出下一步的判断。

所以，有时候企业在发展上可以选择“双轨制”的发展方式，允许两种制式并存一段时间，其中一种成熟后就自然会“起飞”，飞向更广阔的未来。

64 有温度的理性管理

林枫在创业型企业的经历，让他对如何管理不同的企业有了深度的理解。因为他接触过刚创立的只有几个人的小企业，成长为几十人、几百人、几千人、几万人，甚至近20万人的企业，所以对企业每个阶段需要的管理模式有了渐进式的认知。

小企业开始是“人治”，接着是逐步走向“法治”，最后到达“文化治”的境界。很多中小企业一直在“人治”的领域里打转，始终走不出来，走不上“法治”的轨道，导致很难稳健发展，或者到了一定程度管理就失控了；而“法治”过渡到一定阶段，维持了一定的组织刚性之后，逐步要走向“活化”，就是步入“文化治”的阶段，“文化治”的比例会逐步增加，最后变成一种主导。

每个不同的企业，都是在“人治”“法治”“文化治”之间各有一定的比重，只是每个阶段的比重不一而已，并随着企业的发展而动态变化，其中“人治”会逐步减少，“法治”会逐步增加，而“文化治”也是逐步增加的。

如果从比较通俗的角度来理解，企业开始是从感性管理开始（这种管理方式的不确定性比较大），然后过渡到理性管理（这种管理方式的确定性比较强，但是冷冰冰的），再到人性治理（有温度的理性管理)。

如果把以上两种不同的视角结合起来，企业就从“人治”(感性管理)到“法治”(理性管理)，再到“文化治”(有温度的理性管理)，这就形成了一个进阶的过程，“有温度的理性管理”是企业发展阶段比较理想的状态。

管理要有温度，不能冷冰冰。管理要有人情味，要引导人积极向上。管理要用“服务”的心态面对对面的人，让对方有“精神收获”或“情感收获”，这就是很多企业员工收入差别不大，但是有的企业却可以留住人才的原因。

有些宝贵的东西，其形式属于感性范畴，不宜理性。“精神收获”“情感收获”是企业赋予员工，而员工给自己内心的礼物，也可以理解为“归属感”。

真正的管理是释放人的天性，是击碎人的惰性，是激发人的潜力；管理不是管理人，是管理人的欲望。

林枫很喜欢研究华为的发展历史，并从中领悟管理的智慧。华为公司在成立第9年(1996年)时想做好管理，但还没找到自己的“师父”——IBM，任正非就在管理工程事业部工作汇报会上发表了名为“管理改革，任重道远”的讲话，提到了企业管理要从必然王国走向自由王国的观点，并对成功的管理下了一个定义：

“我说过有三个摆脱——摆脱对技术的依赖、摆脱对人才的依赖、摆脱对资金的依赖。完成了这三个摆脱，我们就从必然王国走向了自由王国。人利用科学技术就自由了，管理也要做到这一点。

“我们有ISO9000、有MRPⅡ，我们还有技术工程部的文档，依靠这几个系统可重建一个华为。万一出现了意外，只要这些东西都存在，我们可以再建一个新华为，这才是财富。财富是无形的，财富不是意识性的，是物资性的。管理虽然很抽象，实际上也是一种物资性的东西。

"什么叫财富？财富就是管理，是文档。资本主义国家管理，人家也是依靠文档日积月累。宏观构架的管理当然重要，微观管理在一个企业里面显得比宏观管理重要得多。"

任正非对华为管理的最重要的作用，就是倡导摆脱对外在事物的依赖（包括对人、资金、技术），用管理的确定性来应对环境的不确定性，才能使企业从必然王国走向自由王国，才能极大地释放企业的自主性、创造力，无限逼近摆脱危机。

格略幸福企业研究院院长郭金山在《让管理有温度》一文中提到，让管理有温度既是一种状态又是一个过程，它涉及发展战略、企业文化、组织管理、团队领导、员工成长、员工生活、员工工作及员工心理能力等多要素的交互作用，通过影响员工幸福体验进而影响组织活力和组织绩效的过程。其主要体现为 6 个方面：

（1）工作：工作本身的安全、工作环境的舒适、职责目标的清晰、任务安排的匹配、工作过程的自主及任务完成的价值等。

（2）关爱：工作对员工及家庭生活的保障，二者平衡，关爱。

（3）成长：员工成长的鼓励、能力成长的获得及职业发展的希望。

（4）团队：发展目标的确信、任务挑战的共担、跨界协作的支持、团队管理的公平、团队事项的参与、同事相处的愉悦。

（5）组织：使命愿景的驱动、管理机制的激发、信息沟通的透明、组织身份的归属与自豪。

（6）能力：管理的温度受到员工适应环境、解决问题、应对压力、发展自我的心理能力影响，也就是员工创造、感知、传播幸福的能力。

这些温度大体划分为两个层次：

第一个层次是让人愉快。如工作的安全、环境的舒适、生活与工作的平衡、福利安排的关爱、同事相处的愉悦等，对应马斯洛需求层次的生理、安全、社交层次的需求满足。

第二个层次是赋予意义。如工作的价值感、发展目标的确信、使命连接的驱动等，对应马斯洛需求层次的自尊、自我实现的需求的满足。因此，“幸福是奋斗出来的”，在驱动企业健康发展的同时，让员工确立内在的价值承诺，丰富生命的意义。

⑥⑤
还原与回到现场的能力

在日常工作中，很多业务主管还有下属在向林枫汇报工作时，描述了各种场景和情形，林枫一直保持审慎的态度去倾听和处理。

林枫在以往的工作经验、教训中领悟了一个道理：别人向你汇报的事情、反馈的信息，都是经过高度抽象及筛选过的，你需要“回到现场”，还原成事件与人本身，因此 HR 高管要有从抽象数据还原事件或事实本身的能力。

具体的方式是，对于重要的事宜，要直接找当事人了解信息，有条件的情况下要去实地调研，在真实的场景下获取最直观、真切的信息。这样才能获得足够的决策信息依据，并能了解当事人的立场，感受并了解其做出之前行为的原因（包括内在与外在的）。

这种情况经常出现在处理一些纠纷、投诉、申诉之类的场景中。处理这一类事情需要务实、谨慎、理性的态度，是对智力、情商、判断力、决策力、解决问题能力的考验。

罗振宇在 2018“时间的朋友”跨年演讲中提到：

我们思维里经常用一个等号，等号的一边是事实，一边是根据某种原则的抽象。真实世界的很多东西，被等号全丢掉了。

我们从小就认识的等号，听了这节课之后，我发现，我其实并不懂它。何止是等号，我们从小到大，认的每一个字、读的每一本书、懂的每一个道理、受的每一次教育，认识了多少和等号类似的东西，其实就是把真实世界抽象化的过程。过程中，有大量的东西被丢掉了。

这就是人的宿命，我们的心智成长一直伴随着这个过程，一边得到，一边丢掉。……不抽象，我们就无法深入思考；不还原，我们就看不到本来面目。

……

过去，我们以为能把世界抽象化，这是很大的本事，因为你能用一个很高明的、很简洁的抽象模型来解释这个世界，那是最了不起的事，那是牛顿和爱因斯坦式的成就。但是，对做事的人来说，使命不止于此。还原能力才是我们做事的人逼近事实真相、把握小趋势最稀缺的能力。

还原能力，就是我们逼近事实真相的一副眼镜。戴上了这副眼镜，你看待世界、评估价值的标准就完全不一样了。

林枫偶尔读到一期对刑事案件侦查专家耿作明的访谈文章，这位专家日常所从事的工作是刑事案件的现场勘查和痕迹检验工作。

刑事案件现场是纷繁复杂的，所以痕迹检验和现场勘查工作很具有挑战性。

首先，现场勘查工作要克服冬天寒冷、夏天炎热的气候环境。同时，现场勘查工作要面临尸体腐臭、空间狭小、风霜雨雪等特殊现场环境，可以说这项工作是比较辛苦的。

另外，不管案子发生在什么时间，发生在什么地方，现场勘查这项工作就要从什么时间、什么地点开始。接到报案后，第一时间要赶到现场开展现场勘查。到达现场以后，整个参与现场勘查的勘查人员就开始眼、脑、手整个身体都调动起来。现场勘查人员在现场从上午到下午乃至于干到深夜，整个过程是一个全身心投入的过程。在这个过程中，大家发现一个痕迹以后，要研究是如何形成的，同时要跟上一个发现的痕迹和下一个可能要遇到的痕迹整个联想起来，这样才能形成对现场的全面认识，才能复原现场。

每一次勘查现场都像面临一场大考。现场如果有一点点小的失误，就有可能造成整个现场勘查的失败。（我们跟）其他比如食品药品监督这种检验，样品是可以重复取的，而且可以按照需求提取样本，提取样本的数量是可以靠自己决定的。而我们在现场提取物证的时候，这个物证多少、能不能满足你的检验需求，实际上不是勘查人员说了算。在一定程度上说，应该是作案人留到现场多少你才能提到多少，而且你是尽最大可能地去提取现场的痕迹物证。

尽管你尽最大可能地提取，但是从检验的量和方向上都是一个挑战。所以现场勘查人员总感觉到每一次勘查现场都像面临一场大考。在这场大考中，应该说考验的不单单是你对现场的认识，对你来讲也是工作责任心、事业心的考验，因为在现场除了对你的知识积累、思维能力是一个考验外，在这种艰苦环境下工作，更多的还是考验你有没有毅力坚持把这个现场勘查好。其实，我们在工作中主要是面临这种情况。

通过脚印、手印能分析整个作案过程。在一些案件上，手印、脚印是大家最熟知的两种痕迹，这种痕迹是现场经常发现的，也是勘查现场的起点。通过脚印确定作案人如何进入现场；

通过手印，把它作为现场的物证。通过对脚印、手印的分析，还能分析整个作案过程。同时利用这两种痕迹与其他痕迹的关系，分析整个作案人的动机、作案过程。

刑侦工作最重要的能力是细致入微的观察能力。刑侦工作是最锻炼人、最培养人的一项工作，也是对人的综合能力要求比较高的工作岗位之一。要做好这项工作，最重要的能力是细致入微的观察能力。到现场如果没有细致入微的观察能力，就发现不了问题。敏锐地发现问题和判断问题的能力十分重要，通过观察现场问题，获得案件侦查有价值的线索。这方面能力是要通过各种方式不断地去学习，要学习刑事侦查和现场勘查工作常常涉及的相关知识，要借鉴经验，并且不断地与现代科技相融合。

实践知识对刑侦工作也非常重要，所以在生活中也要注意积累，比如一些民族习惯、当地风土人情。同时大胆地实践，在实践中积累经验，和自己的理论知识有效融合，这样才能取得刑事侦查和现场勘查工作更大的成效。

林枫发现以上现场勘查经验对人力资源管理工作有参考性，那就是要深入现场，尽量多收集客观信息，从而推断事件发生的经过，尽可能还原真相，以高度的责任心与细致入微的观察，做出准确的判断与决策。

66 善用组织决策、集体决策的力量

Y 企业集团总部发现有一个分公司出现经营水平严重下滑的现象，这和该分公司的总经理不胜任有关系，总部准备派一位集团副总去解决问题，必要时可能需要免掉这位分公司总经理的职务。而被总部派出的这位集团副总，以前就任职于这家分公司，和该分公司总经理还有着兄弟情义。

当 CEO 提出让该副总只身前往分公司的提议时，林枫意识到这一方案不可行，因为这样会把该副总置于非常尴尬的局面。副总因为与该分公司总经理有人情关系，很难做出全面且客观的评价，很难做出正确的决定。只是一个人来做决策的话，会把过多的责任置于这一个人的身上。

因此，林枫建议公司建立一种组织决策机制，对于重要的事情，一定要经过集体讨论后形成决议，确定下来再去实施，做好责任分工，不然点对点地去驱动，是不可能办成的。因为单点去驱动，每个人的意见不一、信息不对称、责任不落实，最后变成只有主动驱动工作开展的那个人背负着重任前行，迟早是落实不下去的。

对于那些经营有问题的分公司或事业部，有的牵涉到一把手的更换，可以由高管两两组队去处理，一个个去解决，并在每

天、每周形成处理进度，快速决策推进解决。

公司真正要突破一些难点问题，一定要建立起组织集体决策的机制，这确保了公司的决策是视角全面、端到端拉通，且是经过审慎讨论过的，有着权威性，信息在核心高层也是充分共享的，而且权力是受到有效制衡的，也是有着系统的跟踪机制的。

所以，公司内的事情，不同层级需要不同的决策机制，必须在达成共识的基础上进行集体决策后执行。否则，就会出现一个高层要干这件事情，让公司内某几个部门去推动落实，但其他高层却不同意，导致事情僵持，难以开展，最后不了了之。

公司建立例行的专项会议机制可以很好地解决这个问题。会议一定是基于解决问题的、有决策的会议，而不是漫议、无结论的会议；会议需要做出决策并形成跟踪效果。这样，就使一个个关键的问题逐项得到解决，而不至于无疾而终、积重难返。

在这个处处充满不确定性的新经济时代，决策失误正在成为企业未来最大的风险，而且是致命性的。研究表明，世界每 1000 家倒闭的大企业中，就有 85% 是因为经营者决策不慎造成的。

华为在决策机制方面做得很好，《华为基本法》第五十三条提到：

我们遵循民主决策，权威管理的原则。

高层重大决策需经高层管理委员会充分讨论。决策的依据是公司的宗旨、目标和基本政策；决策的原则是，从贤不从众。真理往往掌握在少数人手里，要造成一种环境，让不同意见存在和发表。一经形成决议，就要实行权威管理。

高层委员会集体决策以及部门首长负责制下的办公会议制度，是实行高层民主决策的重要措施。我们的方针是，放开高层民主，使智慧充分发挥；强化基层执行，使责任落在实处。

各部门首长隶属于各个专业委员会，这些委员会议事而不管事，对形成的决议有监督权，以防止一长制中的片面性。各部门首长的日常管理决策，应遵循部门首长办公会确定的原则，对决策后果承担个人责任。各级首长办公会的讨论结果，以会议纪要的方式向上级呈报。报告上必须有三分之二以上的正式成员签名，报告中要特别注明讨论过程中的不同意见。

公司总裁有最后的决策权，在行使这项权力时，要充分听取意见。

华为在早期第一次创业时，主要是靠企业家行为，凭着少数几个人，甚至是任正非的个人胆略、智慧和远见卓识去抓住、牵引、制造机会，并依靠集体的力量，披荆斩棘、拼搏奋斗，而取得成功。

经历了必然王国道路之后，任正非开始了迈向自由王国道路的探索，为了使公司的各项管理与国际惯例接轨，1998 年华为制定了《基本法》的子法——《华为公司委员会管理法》，通过委员会的设置，对公司重大事项进行决策与监控管理。凡是公司重大事情的决定，都是采取委员会集体决策和部门首长负责制下的办公会议制度。

任正非承认在华为成立的前 10 年基本上是他在管理，而建立委员会决策制度，以委员会的形式淡化其个人色彩，缩小个人威信的影响，加强集体领导，以提高决策的质量和科学性，避免和减少总裁在权威管理过程中个人决策的失误。委员会决策制度，是华为民主集中制的体现与实现形式，是华为走向职业化管理的重要举措，是权力智慧化、互补化的保证。

任正非致力于建设一个长盛不衰的公司，高瞻远瞩地去构筑企业大厦，而创建出一个良好的、富有持久生命力的决策组织与制度，使企业列车始终遵从既定轨道运行，摆脱对人才、技术、资金的依赖，从“人治”走向“法治”，从必然王国向自由王国飞跃。

华为的决策组织与制度的确立，是华为10多年经验的总结，也是其10多年的追求。它不是去追求绝对的正确，追求绝对的完美，追求绝对的真理，而是遵循辩证法的思想，遵循自然规律，实事求是地去追求合理性，是任正非根据自己的实践和创造性思维，从实际情况出发，实事求是地探索着民主与国际化企业发展的创造性结合。

67 当管理者找到成功的感觉

经过一番努力，林枫把HR团队完全建设起来了，选好了合适的中基层干部，而且每一层的人员既可以纵向接替和“备份”，又可以横向接替和“备份”。

他越来越有管理变得轻松的感觉，这种感觉来源于两个特别的迹象：

一是团队能“指哪打哪”。就像自己的手脚，需要打到什么地方，就能快速打到什么地方。

二是自己被下属“驱动”着走。下属有着很强的目标导向，自动自发地完成工作，有不确定的事情就会向林枫求助，而林枫也会给予快速的反馈。

他看到自己一直倡导的明确清晰、简单直接、专注做事、绩效导向的文化，已经在团队中生根发芽、发扬光大，并对团队绩效产生积极的改变，这种感觉真的非常好。

团队的积极变化和林枫的领导风格是分不开的。每次在分业务部门给予的项目奖金的时候，林枫都不会给自己留一分钱，而是全部分给了下属。有一次在分绩效奖金的时候，一个HR主管自己不要奖励，把自己的奖金分给了其下属的HR专员，而且这个主管在与下属沟通奖金分配时，她竟然能够用摆事实、举例子的方式（说明对方做了什么工作、有什么绩效成果，所以分配奖金给他）与下属沟通，而这正是以往林枫的沟通方式。林枫感到由衷的、意外的惊喜与成就感，原来真正的快乐是下属的成长与进步。

林枫还有一个心得，如果自己下面分管的部门有需要彼此协作的事情，他一定会自己站出来说明这几个部门各自的职责分工，需要相互协助的事情事先打好招呼，不会采用指使这个部门去找平级的另一个部门的方式，因为这很容易导致问题复杂化。

在组织内形成公正、客观、公平的机制与氛围，这是林枫一直努力去建立和形成的。

如何管理好一个团队？这对管理者的素质要求有很多，其中一个重要素质就是管理者要做到公正的评价。现在企业里的很多管理者因为做不到这一点，导致团队内矛盾不断、问题频发，严重影响团队氛围与绩效产出，很多管理者甚至一辈子都是在这里栽跟头而浑然不觉。

首先，管理者要修炼到自己有一颗公正的心。

管理者要做到公正地评价自己的员工，并不是一件很容易的事。一般而言，我们很难做到公正地评价一个人和一件事，只能相对公正地评价一个人和一件事。

《圣经》里也讲道："你们不要论断人，免得你们被论断。因为你们怎样论断人，也必怎样被论断；你们用什么量器量给人，也必用什么量器量给你们。为什么看见你弟兄眼中有刺，却不想自己眼中有梁木呢？你自己眼中有梁木，怎么对你弟兄说'容我去掉你眼中的刺'呢？你这假冒为善的人！先去掉自己眼中的梁木，然后才能看得清楚，去掉你弟兄眼中的刺。"

《圣经》里的这句话告诉我们一个道理：正人先正己。只有一个相对公正的人才会对一个人和一件事做出相对公正的评价。

如果管理者就是扭曲的，那么他看待世上的很多人和事物也必定会是扭曲的。

其次，树立公正观念，不忽视错误。

一个公正的管理者的观念是：公正评价自己的下属和他做的事情，就是在帮助他。如果对下属的问题视而不见，一方面作为管理者而言是“在其位不谋其政”；另一方面对下属而言，是放任自流，让他不断重复自己的错误。这样对下属、对企业、对管理者都是非常有害的。员工的错误如果不能改正，他将永远重复这个错误，在错误的道路上越走越远，对企业而言就意味着损失。因为员工一次性把事情做对，才是企业的最低成本、最高效率和最高品质。

最后，公正评价员工并注意自己的工作方式。

管理者公正地评价员工，做得好的要认可、表扬和奖励，做得差的要批评、指正和处罚。管理者要做到公正，让员工对要对得明明白白，错要错得清清楚楚，只有这样员工才会心服口服，才会有成长、有进步。公道自在人心，每个人心里都有一杆秤，管理者对员工的好和爱，员工会很敏感地感受到，并做出相应的回应。

所以，管理者在评价员工时，要注意自己的工作方式，以员工最容易接受、效果最好的方式，在最合适的时间，把公正的评价给予员工，才能良性、持续地驱动团队前进。

68
不断跨越角色临界点

HR 要站在公司整体的角度考虑问题，逐步从“个人”的角度走向“公司”的角度，再走向“创始人”的角度来思考问题，不断跨越临界点，进行角色转移。

高明的 HR 高管懂得站在经营的高度，解决棘手的 HR 问题；能站在行业的角度预测未来，谋划企业 HR 发展方向，做有针对性的规划方案；对内能安抚人心，对外能广揽英才；能发挥 HR 的功能，激活人才效能，使组织持续成功。

那么，HR 高管怎样跨越到 CEO 的角色呢？CEO 的定义告诉我们，企业要求的不仅仅是一个领域的专家，更应该是多领域的通才。若可能，最好是多个领域的专家，且在行业内有一定的影响力。

从 HR 高管到 CEO 的第一步，是参与公司的战略与业务讨论会，同时要为组织的全面发展与能力不足积极“埋单”。

HR 高管必须身临一线，熟悉业务操作流程，掌握业务术语及上下游资源，必须对行业业务线的“前世今生”有比较透彻的了解。HR 高管的出发点是如何用人力资源管理支持与配合公司的整体发展与战略规划。

CEO 角色定位比 HR 高管强势得多，他是决策层、领袖层。

他可以主导公司的方向，可以随时根据市场更改战术；他可以不是人力资源专家，但是必须了解人力资源的6大模块运作机制与最基本的人力资源问题解决方案；他可以不是财务总监，但是必须会看财务报表及报表后隐含的经营问题并及时调整策略；他可以不是律师，但必须了解公司法及公司运营中可能需要的法律法规条款，可能存在的法律漏洞并及时规避风险；他可能不是萧何、韩信、樊哙、彭越，但必须要找到这些“功臣”，用好这些“功臣”，让他们助自己一臂之力，把自己抬到成功的“金顶”。

因此，CEO必须是一个“全能型运动员”，大多数时候应该是“资深教练员”，遇到问题的时候，还得做好“裁判员”。最后，CEO最重要的角色是“组委会成员”，他要对股东、董事会负责。所以，如果说HR高管应该是线性分布，而CEO必须是以面带线，成立体状，从HR高管到CEO任重而道远。

CEO是公司最大的业务员，可是有些空降的CEO，并没有接触过核心业务，他们做的决策、下的命令，往往根据的是以往不相关行业的从业经验。可想而知，他们给公司带来的风险是很大的，或者说是有很强的不确定性的。

因此，如果HR高管想跨界成为CEO，就要像一个虔诚的小学生一样，倾听业务层的需求，需要比销售更会销售，比市场更了解市场，比广告商更懂定位与品牌，比技术人员更精通技术，或许“空杯”心态是HR高管能做好CEO的必要准备。

在《精准选人：提升企业利润的关键》一书中，对CHO岗位与CEO岗位所需的素质模型做了一个对比（如表8-1所示）。其中，我们可以看到，两者都需要具备“先公后私、先人后事、事业雄心、商业洞察”4项素质，而CHO有两项个性化的素质为“组织变革、业务思维”，CEO也有两项个性化素质“战略执行、统筹协调”。从中可知CEO岗位对格局、高度及整合资源能力的要求是更高维度的。

表 8－1　CHO 岗位与 CEO 岗位素质画像对比

<table>
<tr><th>CHO 素质及描述</th><th>CEO 素质及描述</th></tr>
<tr><td colspan="2">先公后私：将公司的整体利益与长期利益放在第一位，通过为公、利他实现公司和个人的共赢。</td></tr>
<tr><td colspan="2">先人后事：将配置、投入和培养合适的人才资源作为工作的优先级的意识与态度。</td></tr>
<tr><td colspan="2">事业雄心：对事业有远大的理想和追求，愿意不断设定挑战性的目标，严格要求自我，实现突破。</td></tr>
<tr><td colspan="2">商业洞察：保持对商业环境和各自专业领域变化的敏锐性，洞悉市场和专业领域的变化趋势，并且基于变化采取行动。</td></tr>
<tr><td>组织变革：结合内外部经营环境的变化，及时调整经营运作和管理体系，主动优化组织结构和制度。</td><td>战略执行：基于公司战略制定具体可行的行动方案，通过有效组织各类资源，保证战略落地；当环境变化时，调整行动方案或提出战略调整建议并执行。</td></tr>
<tr><td>业务思维：能够从业务需求出发制定人力资源管理的一系列制度、流程，支持和引领业务的发展。</td><td>统筹协调：制定工作目标并形成具体可操作的行动方案，通过有效组织各类资源，完成工作目标。</td></tr>
</table>

放开手脚去做，在试错中成长，从成长走向成熟。HR 高管如果有机会接近 CEO 这个角色，需要放开手脚，给自己试错的机会，每一次试错都是难能可贵的经历，更是迈向更高职业台阶的必经之路。

不是每个 HR 高管都会有幸成为 CEO，因为这条路需要背负太多的汗水与泪水，但还是有 HR 高管最终成了 CEO。也许有些人天生具备领袖素质与气质，而大多数人，如同你和我，仅凭一腔热血，需要勇往直前、不计得失，也许一点点运气和机遇，加上自我的不断修炼，才能走上另外一条康庄大道。

尼采说："人的精神有三种境界：骆驼、狮子和婴儿。第一境界是骆驼，忍辱负重，被动地听命于别人或命运的安排；第二境界是狮子，把被动变成主动，由‘你应该’到‘我要’，一切由我主动争取，主动负起人生责任；第三境界是婴儿，这是一种‘我是’的状态，活在当下，享受现在的一切。”

对于 HR 高管来说，同样要经历忍辱负重的阶段，在企业经营压力、管理重重难题之下，在管理者与员工的抱怨与期望中，默默地咬牙坚持，支撑着组织前行。

当 HR 高管进入第二个境界，由被动变为主动，就会以更加有力的姿态，介入、影响与驱动业务，让 HR 的价值发挥得更大，甚至成为组织发展的强力引擎。

HR 高管真正应该追求的就是回到初心的“婴儿”状态，回到“我是”的状态，专注当下，爱我所爱，追求我之追求，以“本真”“利他”的精神，将真、善、美融入工作，让其发散出美丽的芬芳，温暖人，也温暖自己。

你的生命不是父母的续集，不是你子女的前传，更不是你朋友的外篇。对待生命你不妨大胆冒险一点，因为最终你都要失去它。如果这世界上真有奇迹，那只是努力的另一个名字。生命中最难的阶段不是没有人懂你，而是你不懂你自己。

企业案例·老板传记

	书名. 作者	内容/特色	读者价值
企业案例·老板传记	**你不知道的加多宝:原市场部高管讲述** 曲宗恺　牛玮娜　著	前加多宝高管解读加多宝	全景式解读,原汁原味
	借力咨询:德邦成长背后的秘密 官同良　王祥伍　著	讲述德邦是如何借助咨询公司的力量进行自身与发展的	来自德邦内部的第一线资料,真实、珍贵,令人受益匪浅
	娃哈哈区域标杆:豫北市场营销实录 罗宏文　赵晓萌　等著	本书从区域的角度来写娃哈哈河南分公司豫北市场是怎么进行区域市场营销,成为娃哈哈全国第一大市场、全国增量第一高市场的一些操作方法	参考性、指导性,一线真实资料
	六个核桃凭什么:从0过100亿 张学军　著	首部全面揭秘养元六个核桃裂变式成长的巨著	学习优秀企业的成长路径,了解其背后的理论体系
	像六个核桃一样:打造畅销品的36个简明法则 王　超　范　萍　著	本书分上下两篇:包括"六个核桃"的营销战略历程和36条畅销法则	知名企业的战略历程极具参考价值,36条法则提供操作方法
	解决方案营销实战案例 刘祖轲　著	用10个真案例讲明白什么是工业品的解决方案式营销,实战、实用	有干货、真正操作过的才能写得出来
	招招见销量的营销常识 刘文新　著	如何让每一个营销动作都直指销量	适合中小企业,看了就能用
	我们的营销真案例 联纵智达研究院　著	五芳斋粽子从区域到全国/诺贝尔瓷砖门店销量提升/利豪家具出口转内销/汤臣倍健的营销模式	选择的案例都很有代表性,实在、实操!
	中国营销战实录:令人拍案叫绝的营销真案例 联纵智达　著	51个案例,42家企业,38万字,18年,累计2000余人次参与……	最真实的营销案例,全是一线记录,开阔眼界
	双剑破局:沈坤营销策划案例集 沈　坤　著	双剑公司多年来的精选案例解析集,阐述了项目策划中每一个营销策略的诞生过程,策划角度和方法	一线真实案例,与众不同的策划角度令人拍案叫绝、受益匪浅
	宗:一位制造业企业家的思考 杨　涛　著	1993年创业,引领企业平稳发展20多年,分享独到的心得体会	难得的一本老板分享经验的书
	简单思考:AMT咨询创始人自述 孔祥云　著	著名咨询公司(AMT)的CEO创业历程中点点滴滴的经验与思考	每一位咨询人,每一位创业者和管理经营者,都值得一读
	边干边学做老板 黄中强　著	创业20多年的老板,有经验、能写、又愿意分享,这样的书很少	处处共鸣,帮助中小企业老板少走弯路
	三四线城市超市如何快速成长:解密甘雨亭 IBMG国际商业管理集团　著	国内外标杆企业的经验+本土实践量化数据+操作步骤、方法	通俗易懂,行业经验丰富,宝贵的行业量化数据,关键思路和步骤
	中国首家未来超市:解密安徽乐城 IBMG国际商业管理集团　著	本书深入挖掘了安徽乐城超市的试验案例,为零售企业未来的发展提供了一条可借鉴之路	通俗易懂,行业经验丰富,宝贵的行业量化数据,关键思路和步骤

互联网+

	书名. 作者	内容/特色	读者价值
互联网+	**新营销** 刘春雄　著	新营销的新框架体系是场景是产品逻辑,IP是品牌逻辑,社群是连接逻辑,传播是营销逻辑	助力品牌商实现由传统营销到新营销的理念和行动的跨越,助力企业打赢升级转型之仗
	企业微信营销全指导 孙　巍　著	专门给企业看到的微信营销书,手把手教企业从小白到微信营销专家	企业想学微信营销现在还不晚,两眼一抹黑也不怕,有这本书就够

续表

互联网+	**企业网络营销这样做才对：B2B大宗B2C** 张　进　著	简单直白拿来就用，各种窍门信手拈来，企业网络营销不麻烦也不用再头疼，一般人不告诉他	B2B、大宗B2C企业有福了，看了就能学会网络营销
	互联网时代的银行转型 韩友诚　著	以大量案例形式为读者全面展示和分析了银行的互联网金融转型应对之道	结合本土银行转型发展案例的书籍
	正在发生的转型升级·实践 本土管理实践与创新论坛　著	企业在快速变革期所展现出的管理变革新成果、新方法、新案例	重点突出对于未来企业管理相关领域的趋势研判
	触发需求：互联网新营销样本·水产 何足奇　著	传统产业都在苦闷中挣扎前行，本书通过鲜活的案例告诉你如何以需求链整合供应链，从而把大家熟知的传统行业打碎了重构、重做一遍	全是干货，值得细读学习，并且作者的理论已经经过了他亲自操刀的实践检验，效果惊人，就在书中全景展示
	移动互联新玩法：未来商业的格局和趋势 史贤龙　著	传统商业、电商、移动互联，三个世界并存，这种新格局的玩法一定要懂	看清热点的本质，把握行业先机，一本书搞定移动互联网
	微商生意经：真实再现33个成功案例操作全程 伏泓霖　罗晓慧　著	本书为33个真实案例，分享案例主人公在做微商过程中的经验教训	案例真实，有借鉴意义
	阿里巴巴实战运营——14招玩转诚信通 聂志新　著	本书主要介绍阿里巴巴诚信通的十四个基本推广操作，从而帮助使用诚信通的用户及企业更好地提升业绩	基本操作，很多可以边学边用，简单易学
	阿里巴巴实战运营2：诚信通热卖技巧 聂嵘海　著	诚信通TOP商家赚钱的密码箱，手把手教你操作，拿来就用	图文并茂，内容齐全，直接可以对照使用
	抖音营销如何做：未来抖商 刘大贺　著	解密从0到1亿粉丝的实操路径，深度剖析抖音营销全系统策略	企业做抖音营销的第一书
	微商团队长：从入门到精通 罗品牌　著	由浅入深，涵盖微商团队长必学技能的方方面面	只要照着做，就能当好微商团队长
	互联网精准营销 蒋　军　著	怎么在互联网时代整体策划、包装品牌和产品，并在此基础上为企业设计商业模式，技术实现并运营落地	为有基础的小微企业（大企业的新项目）1年实现销售额过亿，2年对接资本，3年左右准IPO
	今后这样做品牌：移动互联时代的品牌营销策略 蒋　军　著	与移动互联紧密结合，告诉你老方法还能不能用，新方法怎么用	今后这样做品牌就对了
	互联网+"变"与"不变"：本土管理实践与创新论坛集萃·2016 本土管理实践与创新论坛　著	本土管理领域正在产生自己独特的理论和模式，尤其在移动互联时代，有很多新课题需要本土专家们一起研究	帮助读者拓宽眼界、突破思维
	创造增量市场：传统企业互联网转型之道 刘红明　著	传统企业需要用互联网思维去创造增量，而不是用电子商务去转移传统业务的存量	教你怎么在"互联网+"的海洋中创造实实在在的增量
	重生战略：移动互联网和大数据时代的转型法则 沈　拓　著	在移动互联网和大数据时代，传统企业转型如同生命体打算与再造，称之为"重生战略"	帮助企业认清移动互联网环境下的变化和应对之道
	画出公司的互联网进化路线图：用互联网思维重塑产品、客户和价值 李　蓓　著	18个问题帮助企业一步步梳理出互联网转型思路	思路清晰、案例丰富，非常有启发性
	7个转变，让公司3年胜出 李　蓓　著	消费者主权时代，企业该怎么办	这就是互联网思维，老板有能这样想，肯定倒不了
	跳出同质思维，从跟随到领先 郭　剑　著	66个精彩案例剖析，帮助老板突破行业长期思维惯性	做企业竟然有这么多玩法，开眼界

续表

行业类：零售、白酒、食品/快消品、农业、医药、建材家居等			
	书名．作者	内容/特色	读者价值
零售·超市·餐饮·服装	总部有多强大，门店就能走多远 IBMG 国际商业管理集团　著	如何把总部做强，成为门店的坚实后盾	了解总部建设的方法与经验
	超市卖场定价策略与品类管理 IBMG 国际商业管理集团　著	超市定价策略与品类管理实操案例和方法	拿来就能用的理论和工具
	连锁零售企业招聘与培训破解之道 IBMG 国际商业管理集团　著	围绕零售企业组织架构、培训体系建设等内容进行深刻探讨	破解人才发现和培养瓶颈的关键点
	中国首家未来超市：解密安徽乐城 IBMG 国际商业管理集团　著	介绍了乐城作为中国首家未来超市从无到有的传奇经历	了解新型零售超市的运作方式及管理特色
	三四线城市超市如何快速成长：解密甘雨亭 IBMG 国际商业管理集团　著	揭秘一家三四线连锁超市的经验策略	不但可以欣赏它的优点，而且可以学会它成功的方法
	新零售　新终端 迪智成咨询团队　著	梳理和提炼新零售的系统打法，将之落地在新终端建设上	让新零售这一看似形而上的商业概念有了可以落地的立足点
	新零售动作分解：建材　家居家具 盛斌子　著	第一本锁定在家居建材、家电、家装等耐用消费品领域谈新零售的书	第一本谈新零售的具体动作、策略、方法、招术的书，拿来就用
	新零售进化趋势与未来格局 李政权　著	通过业态、品类、体验、场景等，逐一呈现新零售的未来进化	就新零售未来的发展方向与进化趋势给出一个确定性的未来
	涨价也能卖到翻 村松达夫　【日】	提升客单价的 15 种实用、有效的方法	日本企业在这方面非常值得学习和借鉴
	移动互联下的超市升级 联商网专栏频道　著	深度解析超市转型升级重点	帮助零售企业把握全局、看清方向
	手把手教你做专业督导：专卖店、连锁店 熊亚柱　著	从督导的职能、作用，在工作中需要的专业技能、方法，都提供了详细的解读和训练办法，同时附有大量的表单工具	无论是店铺需要统一培训，还是个人想成为优秀的督导，有这一本就够了
	百货零售全渠道营销策略 陈继展　著	没有照本宣科、说教式的絮叨，只有笔者对行业的认知与理解，庖丁解牛式的逐项解析、展开	通俗易懂，花极少的时间快速掌握该领域的知识及趋势
	零售：把客流变成购买力 丁　昀　著	如何通过不断升级产品和体验式服务来经营客流	如何进行体验营销，国外的好经营，这方面有启发
	餐饮企业经营策略第一书 吴　坚　著	分别从产品、顾客、市场、盈利模式等几个方面，对现阶段餐饮企业的发展提出策略和思路	第一本专业的、高端的餐饮企业经营指导书
	餐饮新营销 杨　勇　程绍珊　著	在新环境下，对餐饮营销管理进行了全面深入的解读，提供了方式方法	全面性、系统性，区别于市面上的纯操作类作品
	电影院的下一个黄金十年：开发·差异化·案例 李保煜　著	对目前电影院市场存大的问题及如何解决进行了探讨与解读	多角度了解电影院运营方式及代表性案例
	赚不赚钱靠店长：从懂管理到会经营 孙彩军　著	通过生动的案例来进行剖析，注重门店管理细节方面的能力提升	帮助终端门店店长在管理门店的过程中实现经营思路的拓展与突破
耐消品	商用车经销商运营实战 杜建君　王朝阳　章晓青　等著	从管理到经营，从销售到服务，系统化运作全指导	为经销商经营开阔思路，掌握方法
	汽车配件这样卖：汽车后市场销售秘诀 100 条 俞士耀　著	汽配销售业务员必读，手把手教授最实用的方法，轻松得来好业绩	快速上岗，专业实效，业绩无忧

续表

耐消品	**润滑油销售：这样说这样做更有效** 张金荣　著	针对渠道、经销商、终端的超实用话术	上车看，下车用，3分钟就能学会。
	新经销：新零售时代，教你做大商 黄润霖　著	从选址、产品、促销、团队、规模阐述新经销变与不变的市场手法和操作思路	实地拜访近100位经销商在传统营销手法上的创新、新营销工具的发现
	珠宝黄金新营销 崔德乾　著	营销、品牌、产品、连接、场景、社群、服务、传播、管理及产业价值链	新营销在珠宝行业的实战应用，业内必备第一书
	跟行业老手学经销商开发与管理：家电、耐消品、建材家居 黄润霖　著	全部来源于经销商管理的一线问题，作者用丰富的经验将每一个问题落实到最便捷快速的操作方法上去	书中每一个问题都是普通营销人亲口提出的，这些问题你也会遇到，作者进行的解答则精彩实用
白酒	**酒水饮料快消品餐饮渠道营销手册** 朱伟杰　著	主要针对快消品（酒水、饮料）的餐饮渠道，提供了区域、商圈、不同业态的规划和促销安排等多种工具，并提出了经销商、批发商等相关人员的管理方法	一本酒水饮料如何在餐饮渠道销售的全能手册，内容深入翔实，可以直接照搬套用，这样的便利简直千金不换
	白酒到底如何卖 赵海永　著	以市场实战为主，多层次、全方位、多角度地阐释了白酒一线市场操作的最新模式和方法，接地气	实操性强，37个方法、6大案例帮你成功卖酒
	变局下的白酒企业重构 杨永华　著	帮助白酒企业从产业视角看清趋势，找准位置，实现弯道超车的书	行业内企业要减少90%，自己在什么位置，怎么做，都清楚了
	1. 白酒营销的第一本书（升级版） **2. 白酒经销商的第一本书** 唐江华　著	华泽集团湖南开口笑公司品牌部长，擅长酒类新品推广、新市场拓展	扎根一线，实战
	区域型白酒企业营销必胜法则 朱志明　著	为区域型白酒企业提供35条必胜法则，在竞争中赢销的葵花宝典	丰富的一线经验和深厚积累，实操实用
	10步成功运作白酒区域市场 朱志明　著	白酒区域操盘者必备，掌握区域市场运作的战略、战术、兵法	在区域市场的攻伐防守中运筹帷幄，立于不败之地
	酒业转型大时代：微酒精选2014－2015 微酒　主编	本书分为五个部分：当年大事件、那些酒业营销工具、微酒独立策划、业内大调查和十大经典案例	了解行业新动态、新观点，学习营销方法
快消品·食品	**中国快消品营销的这些年** 史贤龙　著	作者精华文章的合集，一本书浓缩了过去十五年，中国营销的实战历程与前沿思考	快消品营销行业的案例和方法都原汁原味呈现，在反映当时风貌的同时，展望与反思
	营销中国茶：2小时读懂茶叶营销 史贤龙　著	从不同视角对中国的茶营销进行了思考，内容涉及中国茶产业战略困境、茶企规模化、茶品牌崛起、茶文化、茶营销、茶消费、茶零售、茶道等	内容丰富扎实，文字流畅，浓缩的都是精华，让你2小时读懂茶叶营销
	这样打造快消品标杆市场 罗宏文　著	帮助你解决如何成功打造标杆市场和进行持续增量管理两大问题	一套系统的方法论，通俗易懂，可以直接套用
	5小时读懂快消品营销：中国快消品案例观察 陈海超　著	多年营销经验的一线老手把案例掰开了、揉碎了，从中得出的各种手段和方法给读者以帮助和启发	营销那些事儿的个中秘辛，求人还不一定告诉你，这本书里就有
	快消品招商的第一本书：从入门到精通 刘　雷　著	深入浅出，不说废话，有工具方法，通俗易懂	让零基础的招商新人快速学习书中最实用的招商技能，成长为骨干人才
	乳业营销第一书 侯军伟　著	对区域乳品企业生存发展关键性问题的梳理	唯一的区域乳业营销书，区域乳品企业一定要看

续表

快消品·食品	金龙鱼背后的粮油帝国 余　盛　著	讲述金龙鱼品牌及母公司丰益国际的商业冒险故事	在精彩的阅读体验中学到营销管理的方法
	食用油营销第一书 余　盛　著	10多年油脂企业工作经验，从行业到具体实操	食用油行业第一书，当之无愧
	中国茶叶营销第一书 柏　龑　著	如何跳出茶行业“大文化小产业”的困境，作者给出了自己的观察和思考	不是传统做茶的思路，而是现在商业做茶的思路
	调味品企业八大必胜法则 张　戟　著	八大规律性的关键成功要素，背后都有本土调味品企业的成功实践	“观点阐述＋案例描述”，行业必读
	调味品营销第一书 陈小龙　著	国内唯一一本调味品营销的书	唯一的调味品营销的书，调味品的从业者一定要看
	快消品营销人的第一本书：从入门到精通 刘　雷　伯建新　著	快消行业必读书，从入门到专业	深入细致，易学易懂
	变局下的快消品营销实战策略 杨永华　著	通胀了，成本增加，如何从被动应战变成主动的“系统战”	作者对快消品行业非常熟悉、非常实战
	快消品经销商如何快速做大 杨永华　著	本书完全从实战的角度，评述现象，解析误区，揭示原理，传授方法	为转型期的经销商提供了解决思路，指出了发展方向
	快消品营销：一位销售经理的工作心得2 蒋　军　著	快消品、食品饮料营销的经验之谈，重点图书	来源与实战的精华总结
	快消品营销与渠道管理 谭长春　著	将快消品标杆企业渠道管理的经验和方法分享出来	可口可乐、华润的一些具体的渠道管理经验，实战
	成为优秀的快消品区域经理（升级版） 伯建新　著	用“怎么办”分析区域经理的工作关键点，增加30%全新内容，更贴近环境变化	可以作为区域经理的“速成催化器”
	销售轨迹：一位快消品营销总监的拼搏之路 秦国伟　著	本书讲述了一个普通销售员打拼成为跨国企业营销总监的真实奋斗历程	激励人心，给广大销售员以力量和鼓舞
	快消老手都在这样做：区域经理操盘锦囊 方　刚　著	非常接地气，全是多年沉淀下来的干货，丰富的一线经验和实操方法不可多得	在市场摸爬滚打的“老油条”，那些独家绝招妙招一般你问都是问不来的
	动销四维：全程辅导与新品上市 高继中　著	从产品、渠道、促销和新品上市详细讲解提高动销的具体方法，总结作者18年的快消品行业经验，方法实操	内容全面系统，方法实操
农业	饲料营销有方法：策略　案例　工具 陈石平　著	跳出饲料看饲料，根据饲料营销的关键成功要素（KSF）提出7大核心命题	紧跟农牧产业发展大势，提高饲料企业营销竞争力
	新农资如何换道超车 刘祖轲　等著	从农业产业化、互联网转型、行业营销与经营突破四个方面阐述如何让农资企业占领先机、提前布局	南方略专家告诉你如何应对资源浪费、生产效率低下、产能严重过剩、价格与价值严重扭曲等
	中国牧场管理实战：畜牧业、乳业必读 黄剑黎　著	本书不仅提供了来自一线的实际经验，还收入了丰富的工具文档与表单	填补空白的行业必读作品
	中小农业企业品牌战法 韩　旭　著	将中小农业企业品牌建设的方法，从理论讲到实践，具有指导性	全面把握品牌规划，传播推广，落地执行的具体措施
	农资营销实战全指导 张　博　著	农资如何向“深度营销”转型，从理论到实践进行系统剖析，经验资深	朴实、使用！不可多得的农资营销实战指导
	农产品营销第一书 胡浪球　著	从农业企业战略到市场开拓、营销、品牌、模式等	来源于实践中的思考，有启发
	变局下的农牧企业9大成长策略 彭志雄　著	食品安全、纵向延伸、横向联合、品牌建设……	唯一的农牧企业经营实操的书，农牧企业一定要看

续表

医药	**在中国，医药营销这样做：时代方略精选文集** 段继东　主编	专注于医药营销咨询15年，将医药营销方法的精华文章合编，深入全面	可谓医药营销领域的顶尖著作，医药界读者的必读书
	医药新营销：制药企业、医药商业企业营销模式转型 史立臣　著	医药生产企业和商业企业在新环境下如何做营销？老方法还有没有用？如何寻找新方法？新方法怎么用？本书给你答案	内容非常现实接地气，踏实谈问题说方法
	医药企业转型升级战略 史立臣　著	药企转型升级有5大途径，并给出落地步骤及风险控制方法	实操性强，有作者个人经验总结及分析
	新医改下的医药营销与团队管理 史立臣　著	探讨新医改对医药行业的系列影响和医药团队管理	帮助理清思路，有一个框架
	医药营销与处方药学术推广 马宝琳　著	如何用医学策划把"平民产品"变成"明星产品"	有真货、讲真话的作者，堪称处方药营销的经典！
	医药行业大洗牌与药企创新 林延君　沈　斌　著	一方面，围绕着变革，多角度阐述药企的应对之道；另一方面，紧扣实践，介绍近百家医药企业创新实践案例	医改变革10年，医药企业如何应对大洗牌？重磅出击的药企人必读书
	新医改了，药店就要这样开 尚　锋　著	药店经营、管理、营销全攻略	有很强的实战性和可操作性
	电商来了，实体药店如何突围 尚　锋　著	电商崛起，药店该如何突围？本书从促销、会员服务、专业性、客单价等多重角度给出了指导方向	实战攻略，拿来就能用
	OTC医药代表药店销售36计 鄢圣安　著	以《三十六计》为线，写OTC医药代表向药店销售的一些技巧与策略	案例丰富，生动真实，实操性强
	OTC医药代表药店开发与维护 鄢圣安　著	要做到一名专业的医药代表，需要做什么、准备什么、知识储备、操作技巧等	医药代表药店拜访的指导手册，手把手教你快速上手
	引爆药店成交率1：店员导购实战 范月明　著	一本书解决药店导购所有难题	情景化、真实化、实战化
	引爆药店成交率2：经营落地实战 范月明　著	最接地气的经营方法全指导	揭示了药店经营的几类关键问题
	引爆药店成交率：专业化销售解决方案 范月明　著	药品搭配分析与关联销售	为药店人专业化助力
	处方药合规推广实战宝典 赵佳震　著	推广体系搭建、推广人员岗位工作内容、推广服务外包商管理等六个方面	解决"医药代表转型"和"推广服务外包商管理"的困惑
	医药代理商实操全指导：新环境　新战法 戴文杰　著	结合医药市场政策环境解读新环境下医药招商的战法，着重分析药品产业链的盈利机会	医药销售业务人员的必备读物
	攻略基层诊所：医药营销这样做 张江民　著	对基层诊所的开发、维护和动销，拿来就用的方式方法	实战是本书的主旨，只要用心去看，就能在基层诊所市场中运用
	互联网医药的未来 动脉网　编著	介绍了互联网医药发展的现状与趋势	帮助创业者和投资人看清未来，把握当下
	处方药零售这样做 田　军　著	阐述了处方药零售的重要性，以及做处方药零售市场的具体措施和方法	系统性了解和掌握处方药零售方法
建材家居	**成为最赚钱的家具建材经销商** 李治江　著	从销售模式、产品、门店等老板们最关注和最需要的方面解决问题、提供方法	只要你是建材、家具、家居用品的经销商老板，这就是一本必读的书
	定制家居黄金十年 韩　锋　翁长华　著	梳理了定制家居的商业模式和发展情况	帮助定制家居看清方向，把握当下
	家具建材促销与引流 薛　亮　李永峰　著	十大促销模式的详细方法和工具	让你天天签大单

续表

建材家居	**家具行业操盘手** 王献永　著	家具行业问题的终结者	解决了干家具还有没有前途？为什么同城多店的家具经销商很难做大做强等问题
	建材家居营销：除了促销还能做什么 孙嘉晖　著	一线老手的深度思考，告诉你在建材家居营销模式基本停滞的今天，除了促销，营销还能怎么做	给你的想法一场革命
	建材家居营销实务 程绍珊　杨鸿贵　主编	价值营销运用到建材家居，每一步都让客户增值	有自己的系统、实战
	家居建材门店6力爆破 贾同领　著	合盘道出一线品牌销量秘籍	6力招招见血，既有招数，又有策略
	建材家居门店销量提升 贾同领　著	店面选址、广告投放、推广助销、空间布局、生动展示、店面运营等	门店销量提升是一个系统工程，非常系统、实战
	10步成为最棒的建材家居门店店长 徐伟泽　著	实际方法易学易用，让员工能够迅速成长，成为独当一面的好店长	只要坚持这样干，一定能成为好店长
	手把手帮建材家居导购业绩倍增：成为顶尖的门店店员 熊亚柱　著	生动的表现形式，让普通人也能成为优秀的导购员，让门店业绩长红	读着有趣，用着简单，一本在手、业绩无忧
	建材家居经销商实战42章经 王庆云　著	告诉经销商：老板怎么当、团队怎么带、生意怎么做	忠言逆耳，看着不舒服就对了，实战总结，用一招半式就值了
工业品	**销售是门专业活：B2B、工业品** 陆和平　著	销售流程就应该跟着客户的采购流程和关注点的变化向前推进，将一个完整的销售过程分成十个阶段，提供具体方法	销售不是请客吃饭拉关系，是个专业的活计！方法在手，走遍天下不愁
	解决方案营销实战案例 刘祖轲　著	用10个真案例讲明白什么是工业品的解决方案式营销，实战、实用	有干货、真正操作过的才能写得出来
	变局下的工业品企业7大机遇 叶敦明　著	产业链条的整合机会、盈利模式的复制机会、营销红利的机会、工业服务商转型机会……	工业品企业还可以这样做，思维大突破
	工业品市场部实战全指导 杜　忠　著	工业品市场部经理工作内容全指导	系统、全面、有理论、有方法，帮助工业品市场部经理更快提升专业能力
	工业品营销管理实务 李洪道　著	中国特色工业品营销体系的全面深化、工业品营销管理体系优化升级	工具更实战，案例更鲜活，内容更深化
	工业品企业如何做品牌 张东利　著	为工业品企业提供最全面的品牌建设思路	有策略、有方法、有思路、有工具
	丁兴良讲工业4.0 丁兴良　著	没有枯燥的理论和说教，用朴实直白的语言告诉你工业4.0的全貌	工业4.0是什么？本书告诉你答案
	资深大客户经理：策略准，执行狠 叶敦明　著	从业务开发、发起攻势、关系培育、职业成长四个方面，详述了大客户营销的精髓	满满的全是干货
	两化融合管理系统贯标流程与方法 戴　勇　张华杰　张百荣　编著	全面梳理贯标流程和方法	帮助企业成功贯标
	一切为了订单：订单驱动下的工业品营销实战 唐道明　著	其实，所有的企业都在围绕着两个字在开展全部的经营和管理工作，那就是“订单”	开发订单、满足订单、扩大订单。本书全是实操方法，字字珠玑、句句干货，教你获得营销的胜利
金融	**交易心理分析** （美）马克·道格拉斯　著 刘真如　译	作者一语道破赢家的思考方式，并提供了具体的训练方法	不愧是投资心理的第一书，绝对经典
	精品银行管理之道 崔海鹏　何　屹　主编	中小银行转型的实战经验总结	中小银行的教材很多，实战类的书很少，可以看看

续表

金融	**支付战争** Eric M. Jackson 著 徐彬 王晓 译	PayPal创业期营销官，亲身讲述PayPal从诞生到壮大到成功出售的整个历史	激烈、有趣的内幕商战故事！了解美国支付市场的风云巨变
	中外并购名著专业阅读指南 叶兴平 等著	在5000多本并购类图书中精选的200著作，在阅读的基础上写的读书评价	精挑细选200本并一一评介，省去读者挑选的烦恼，快捷、高效
	新三板信息披露全流程：操作与工具 和珩科技 著	详细拆解董秘日常工作过程中所需的信息披露流程	董秘案头必备用书
	成功并购300本：一本书搞定并购难题 浩德军师并购联盟 著	从财务，税务，法律等角度详细解答疑问	能解决80%的并购问题
	互联网时代的银行转型 韩友诚 著	以大量案例形式为读者全面展示和分析了银行的互联网金融转型应对之道	结合本土银行转型发展案例的书籍
房地产	**产业园区/产业地产规划、招商、运营实战** 阎立忠 著	目前中国第一本系统解读产业园区和产业地产建设运营的实战宝典	从认知、策划、招商到运营全面了解地产策划
	人文商业地产策划 戴欣明 著	城市与商业地产战略定位的关键是不可复制性，要发现独一无二的“味道”	突破千城一面的策划困局
	中国城市群房地产投资策略 吕俊博 著	全方位、多角度分析城市群房地产现状是趋势	让亿元资产投资更理性、更安全
	电影院的下一个黄金十年：开发·差异化·案例 李保煜 著	对目前电影院市场存大的问题及如何解决进行了探讨与解读	多角度了解电影院运营方式及代表性案例
能源	**全能型班组：城市能源互联网与电力班组升级** 国网天津市电力公司 编著	借鉴国内外优秀企业的转型升级思路，通过对于新型班组组织模式和运行机制的大胆设想，力图构建充分适应内外环境变化的全能型班组	看看庞大的国企在新环境下是如何顺应时代的
	国网天津电力全能型班组建设实务 国网天津市电力公司 编著	本书聚焦于天津电力公司在探索全能型班组转型升级时的优秀实践	电力行业的班组实践，具体、可操作性强

经营类：企业如何赚钱，如何抓机会，如何突破，如何“开源”

	书名．作者	内容/特色	读者价值
抓方向	**让经营回归简单．升级版** 宋新宇 著	化繁为简抓住经营本质：战略、客户、产品、员工、成长	经典，做企业就这几个关键点！
	混沌与秩序Ⅰ：变革时代企业领先之道 **混沌与秩序Ⅱ：变革时代管理新思维** 彭剑锋 尚艳玲 主编	汇集华夏基石专家团队10年来研究成果，集中选择了其中的精华文章编纂成册	作者都是既有深厚理论积淀又有实践经验的重磅专家，为中国企业和企业家的未来提出了高屋建瓴的观点
	活系统：跟任正非学当老板 孙行健 尹贤 著	以任正非的独到视角，教企业老板如何经营公司	看透公司经营本质，激活企业活力
	重构：快消品企业重生之道 杨永华 著	从7个角度，帮助企业实现系统性的改造	提供转型思想与方法，值得参考
	公司由小到大要过哪些坎 卢强 著	老板手里的一张“企业成长路线图”	现在我在哪儿，未来还要走哪些路，都清楚了
	企业二次创业成功路线图 夏惊鸣 著	企业曾经抓住机会成功了，但下一步该怎么办？	企业怎样获得第二次成功，心里有个大框架了
	老板经理人双赢之道 陈明 著	经理人怎养选平台、怎么开局，老板怎样选/育/用/留	老板生闷气，经理人牢骚大，这次知道该怎么办了

续表

抓方向	**简单思考:AMT 咨询创始人自述** 孔祥云　著	著名咨询公司(AMT)的 CEO 创业历程中点点滴滴的经验与思考	每一位咨询人,每一位创业者和管理经营者,都值得一读
	企业文化的逻辑 王祥伍　黄健江　著	为什么企业绩效如此不同,解开绩效背后的文化密码	少有的深刻,有品质,读起来很流畅
	使命驱动企业成长 高可为　著	钱能让一个人今天努力,使命能让一群人长期努力	对于想做事业的人,'使命'是绕不过去的
思维突破	**盈利原本就这么简单** 高可为　著	从财务的角度揭示企业盈利的秘密	多方面解读商业模式与盈利的关系,通俗易懂,受益匪浅
	经营:打造你的盈利系统 高可为　著	从盈利角度梳理了系统化的经营方式	让企业掌舵者把控经营全局
	创模式:23 个行业创新案例 段传敏　著	23 位行业精英的创新对话	创业者、转型者的实战参考
	企业良性成长:用顶层设计突破瓶颈 刘建兆　著	全方位介绍企业顶层设计的方法和思路	帮助企业用顶层设计突破成长瓶颈
	移动互联新玩法:未来商业的格局和趋势 史贤龙　著	传统商业、电商、移动互联,三个世界并存,这种新格局的玩法一定要懂	看清热点的本质,把握行业先机,一本书搞定移动互联网
	画出公司的互联网进化路线图:用互联网思维重塑产品、客户和价值 李　蓓　著	18 个问题帮助企业一步步梳理出互联网转型思路	思路清晰、案例丰富,非常有启发性
	重生战略:移动互联网和大数据时代的转型法则 沈　拓　著	在移动互联网和大数据时代,传统企业转型如同生命体打算与再造,称之为"重生战略"	帮助企业认清移动互联网环境下的变化和应对之道
	创造增量市场:传统企业互联网转型之道 刘红明　著	传统企业需要用互联网思维去创造增量,而不是用电子商务去转移传统业务的存量	教你怎么在"互联网+"的海洋中创造实实在在的增量
	7 个转变,让公司 3 年胜出 李　蓓　著	消费者主权时代,企业该怎么办	这就是互联网思维,老板有能这样想,肯定倒不了
	跳出同质思维,从跟随到领先 郭　剑　著	66 个精彩案例剖析,帮助老板突破行业长期思维惯性	做企业竟然有这么多玩法,开眼界
	互联网+"变"与"不变":本土管理实践与创新论坛集萃·2016 本土管理实践与创新论坛　著	加速本土管理思想的孕育诞生,促进本土管理创新成果更好地服务企业、贡献社会	各个作者本年度最新思想,帮助读者拓宽眼界、突破思维
	消费升级:实践　研究(文集) 本土管理实践与创新论坛　著	38 位管理专家及 7 位学者的精华思想,从经营、管理、行业及思想研究四个方面阐述中国企业在消费升级下的实践与研究	思想启发,行业借鉴
财务	**写给企业家的公司与家庭财务规划——从创业成功到富足退休** 周荣辉　著	本书以企业的发展周期为主线,写各阶段企业与企业主家庭的财务规划	为读者处理人生各阶段企业与家庭的财务问题提供建议及方法,让家庭成员真正享受财富带来的益处
	互联网时代的成本观 程　翔　著	本书结合互联网时代提出了成本的多维观,揭示了多维组合成本的互联网精神和大数据特征,论述了其产生背景、实现思路和应用价值	在传统成本观下为盈利的业务,在新环境下也许就成为亏损业务。帮助管理者从新的角度来看待成本,进一步做好精益管理

续表

财务	财报背后的投资机会 蒋　豹　著	以具体的公司案例分析，教你迅速看出财务报表与企业经营的关系、所反映的企业经营现状，从而找到投资机会	前四大会计所员工为读者解密财报，发现投资机会

管理类：效率如何提升，如何实现经营目标，如何“节流”

	书名．作者	内容/特色	读者价值
通用管理	让管理回归简单·升级版 宋新宇　著	从目标、组织、决策、授权、人才和老板自己层面教你怎样做管理	帮助管理抓住管理的要害，让管理变得简单
	让经营回归简单·升级版 宋新宇　著	从战略、客户、产品、员工、成长、经营者自身等七个方面，归纳总结出简单有效的经营法则	总结出的真正优秀企业的成功之道：简单
	让用人回归简单 宋新宇　著	从用人的原则、用人的难题与误区、用人的方法和用人者的修炼四大方面，总结出适合中小企业做好人才管理工作的法则	帮助管理者抓住用人的要害，让用人变得简单
	历史深处的管理智慧 1：组织建设与用人之道 刘文瑞　著	对历史之典故、政事、人事、政制进行管理解析，鉴照企业人才的选用育留	推动理论与实践的对接，实现理性与情感的渗透，用中国话语说明管理智慧
	历史深处的管理智慧 2：战略决策与经营运作 刘文瑞　著	对历史之典故、政事、人事、政制进行管理解析，鉴照企业战略设计与经营实践	推动理论与实践的对接，实现理性与情感的渗透，用中国话语说明管理智慧
	历史深处的管理智慧 3：领导修炼与文化素养 刘文瑞　著	对历史之典故、政事、人事、政制进行管理解析，鉴照企业领导职业能力提升与文化修养	推动理论与实践的对接，实现理性与情感的渗透，用中国话语说明管理智慧
	管理的尺度 刘文瑞　著	对管理中的种种普遍性问题进行了批评	提高把握管理尺度的能力
	管理学在中国 刘文瑞　著	系统性介绍了管理学在中国的发展和演变	了解管理学在中国的发展脉络，更清晰理解管理学的本质
	看电影，懂管理 刘文瑞　著	16 部经典电影，带你感悟管理智慧	能够帮助读者放松身心，驰骋想象，在不知不觉中增长智慧
	管理：以规则驾驭人性 王春强　著	详细解读企业规则的制定方法	从人与人博弈角度提升管理的有效性
	打造集成供应链：走出挂一漏十的改善困境 王春强　著	详解集成供应链全过程	帮助企业优化供应链管理
	用好骨干员工：关键人才培养与激励 王　敏　著	系统化分享关键人才打造与激励方法	企业能实在用人的最大化价值
	改变世界的管理学大师 1：管理学的前世今生 刘文瑞　编著	介绍了古典管理学时期的大师事迹和思想	深入了解管理大师们的思想和智慧
	成为企业欢迎的咨询师 张国祥　著	从调研到落地，手把手教你咨询流程	不走弯路，方便直接的学到老咨询师的套路
	员工心理学超级漫画版 邢　雷　著	以漫画的形式深度剖析员工心理	帮助管理者更了解员工，从而更轻松地管理员工
	老板有想法，高层有干法：企业中的将帅之道 王清华　著	深入剖析老板与高管的异同	各司其职，各行其是，相辅相成
	分股合心：股权激励这样做 段磊　周剑　著	通过丰富的案例，详细介绍了股权激励的知识和实行方法	内容丰富全面、易读易懂，了解股权激励，有这一本就够了
	边干边学做老板 黄中强　著	创业 20 多年的老板，有经验、能写、又愿意分享，这样的书很少	处处共鸣，帮助中小企业老板少走弯路

续表

通用管理	**成为敏感而体贴的公司** 王　涛　著	本书为作者对企业的观察和冥想的随笔记录。从生活中的一个现象入手,进而探索现象背后的本质	从全新角度认识公司
	中国企业的觉醒:正直　善良　成长 王　涛　著	围绕着企业人如何发生转化展开,对中国人、中国文化及由此导致的企业现状的观察和思考	企业除了要利润,还需要道德
	有意识的思考:轻松化解问题的7个思考习惯 王　涛　著	本书是对思想、思考过程、思考方式进行的细致观察	养成好的思考习惯,更深刻地看问题
	中国式阿米巴落地实践之从交付到交易 胡八一　著	本书主要讲述阿米巴经营会计,“从交付到交易”,这是成功实施了阿米巴的标志	阿米巴经营会计的工作是有逻辑关联的,一本书就能搞定
	中国式阿米巴落地实践之激活组织 胡八一　著	重点讲解如何科学划分阿米巴单元,阐述划分的实操要领、思路、方法、技术与工具	最大限度减少“推行风险”和“摸索成本”,利于公司成功搭建适合自身的个性化阿米巴经营体系
	中国式阿米巴落地实践之持续盈利 胡八一　著	把企业做成平台,企业才能做大(格局);把平台做成阿米巴,企业才能做强(专业);把阿米巴做成合伙制,企业才能做久(机制)	中国式阿米巴落地实践三部曲的最后一部,告诉你企业如何做大做强做久
	集团化企业阿米巴实战案例 初勇钢　著	一家集团化企业阿米巴实施案例	指导集团化企业系统实施阿米巴
	阿米巴经营的中国模式 李志华　著	让员工从“要我干”到“我要干”,价值量化出来	阿米巴在企业如何落地,明白思路了
	欧博心法:好管理靠修行 曾　伟　著	用佛家的智慧,深刻剖析管理问题,见解独到	如果真的有‘中国式管理’,曾老师是其中标志性人物
	领导这样点燃你的下属 孟广桥　著	领导者如何才能让员工积极主动地工作?如何让你的员工和下属保持工作的热情,自动自发?看了这本书就知道	只要你希望手下的"兵将"永远充满工作的斗志,这本书将使你获益良多
流程管理	**1. 用流程解放管理者** **2. 用流程解放管理者2** 张国祥　著	中小企业阅读的流程管理、企业规范化的书	通俗易懂,理论和实践的结合恰到好处
	跟我们学建流程体系 陈立云　著	畅销书《跟我们学做流程管理》系列,更实操,更细致,更深入	更多地分享实践,分享感悟,从实践总结出来的方法论
	人人都要懂流程 金国华　余雅丽　著	当前各企业流程管理方面最为典型的痛点现象及问题案例	通俗易懂,适合企业全员阅读
质量管理	**IATF16949质量管理体系详解与案例文件汇编:TS16949转版IATF16949:2016** 谭洪华　著	针对IATF的新标准做了详细的解说,同时指出了一些推行中容易犯的错误,提供了大量的表单、案例	案例、表单丰富,拿来就用
	五大质量工具详解及运用案例:APQP/FMEA/PPAP/MSA/SPC 谭洪华　著	对制造业必备的五大质量工具中每个文件的制作要求、注意事项、制作流程、成功案例等进行了解读	通俗易懂、简便易行,能真正实现学以致用
	ISO9001:2015新版质量管理体系详解与案例文件汇编 谭洪华　著	紧密围绕2015年新版质量管理体系文件逐条详细解读,并提供可以直接套用的案例工具,易学易上手	企业质量管理认证、内审必备
	ISO14001:2015新版环境管理体系详解与案例文件汇编 谭洪华　著	紧密围绕2015年新版环境管理体系文件逐条详细解读,并提供可以直接套用的案例工具,易学易上手	企业环境管理认证、内审必备

续表

质量管理	**ISO9001:2015 完整文件汇编：制造业** 贺红喜　著	按照 ISO9001 标准并超出标准的要求，提供了一套完整的制造业的质量管理体系文件	原汁原味完整收入，直接可以拿来就用
	SA8000:2014 社会责任管理体系认证实战 吕　林　著	作者根据自己的操作经验，按认证的流程，以相关案例进行说明 SA8000 认证体系	简单，实操性强，拿来就能用
	精益质量管理实战工具 贺小林　著	制造类企业日常工作中所需要的精益管理工具的归纳整理，并进行案例操作的细致分析	可以直接参考，实际解决生产中的具体问题
战略落地	**重生——中国企业的战略转型** 施　炜　著	从前瞻和适用的角度，对中国企业战略转型的方向、路径及策略性举措提出了一些概要性的建议和意见	对企业有战略指导意义
	公司大了怎么管：从靠英雄到靠组织 AMT 金国华　著	第一次详尽阐释中国快速成长型企业的特点、问题及解决之道	帮助快速成长型企业领导及管理团队理清思路，突破瓶颈
	低效会议怎么改：每年节省一半会议成本的秘密 AMT 王玉荣　著	教你如何系统规划公司的各级会议，一本工具书	教会你科学管理会议的办法
	年初订计划，年尾有结果：战略落地七步成诗 AMT 郭晓　著	7 个步骤教会你怎么让公司制定的战略转变为行动	系统规划，有效指导计划实现
人力资源	**HRBP 是这样炼成的之“菜鸟起飞”** 新　海　著	以小说的形式，具体解析 HRBP 的职责，应该如何操作，如何为业务服务	实践者的经验分享，内容实务具体，形式有趣
	HRBP 是这样炼成的之中级修炼 新　海　著	本书以案例故事的方式，介绍了 HRBP 在实际工作中碰到的问题和挑战	书中的 HR 解决方案讲究因时因地制宜、简单有效的原则，重在启发读者思路，可供各类企业 HRBP 借鉴
	HRBP 是这样炼成的之高级修炼 新　海　著	以故事的形式，展现了 HRBP 工作者在职业发展路上的层层深入和递进	为读者提供 HRBP 在实际工作中遇到种种问题的解决方案
	新任 HR 高管如何从 0 到 1 黄渊明　著	全景式展现新任高管华丽转身全过程	助力新任高管安全着陆
	HR 的劳动法内参 李皓楠　著	100 个劳动法案例和分析	轻松掌握劳动法知识，方便运用
	把面试做到极致：首席面试官的人才甄选法 孟广桥　著	作者用自己几十年的人力资源经验总结出的一套实用的确定岗位招聘标准、提升面试官技能素质的简便方法	面试官必备，没有空泛理论，只有巧妙的实操技能
	人力资源体系与 e－HR 信息化建设 刘书生　陈　莹　王美佳　著	将作者经历的人力资源管理变革、人力资源管理信息化咨询项目方法论、工具和成果全面展现给读者，使大家能够将其快速应用到管理实践中	系统性非常强，没有废话，全部是浓缩的干货
	回归本源看绩效 孙　波　著	让绩效回顾“改进工具”的本源，真正为企业所用	确实是来源于实践的思考，有共鸣
	世界 500 强资深培训经理人教你做培训管理 陈　锐　著	从 7 大角度具体细致地讲解了培训管理的核心内容	专业、实用、接地气

续表

人力资源	**曹子祥教你做激励性薪酬设计** 曹子祥　著	以激励性为指导，系统性地介绍了薪酬体系及关键岗位的薪酬设计模式	深入浅出，一本书学会薪酬设计
	曹子祥教你做绩效管理 曹子祥　著	复杂的理论通俗化，专业的知识简单化，企业绩效管理共性问题的解决方案	轻松掌握绩效管理
	把招聘做到极致 远　鸣　著	作为世界500强高级招聘经理，作者数十年招聘经验的总结分享	带来职场思考境界的提升和具体招聘方法的学习
	人才评价中心．超级漫画版 邢　雷　著	专业的主题，漫画的形式，只此一本	没想到一本专业的书，能写成这效果
	走出薪酬管理误区 全怀周　著	剖析薪酬管理的8大误区，真正发挥好枢纽作用	值得企业深读的实用教案
	集团化人力资源管理实践 李小勇　著	对搭建集团化的企业很有帮助，务实，实用	最大的亮点不是理论，而是结合实际的深入剖析
	我的人力资源咨询笔记 张　伟　著	管理咨询师的视角，思考企业的HR管理	通过咨询师的眼睛对比很多企业，有启发
	本土化人力资源管理8大思维 周　剑　著	成熟HR理论，在本土中小企业实践中的探索和思考	对企业的现实困境有真切体会，有启发
企业文化	**36个拿来就用的企业文化建设工具** 海融心胜　主编	数十个工具，为了方便拿来就用，每一个工具都严格按照工具属性、操作方法、案例解读划分，实用、好用	企业文化工作者的案头必备书，方法都在里面，简单易操作
	企业文化建设超级漫画版 邢　雷　著	以漫画的形式系统教你企业文化建设方法	轻松易懂好操作
	华夏基石方法：企业文化落地本土实践 王祥伍　谭俊峰　著	十年积累、原创方法、一线资料，和盘托出	在文化落地方面真正有洞察，有实操价值的书
	企业文化的逻辑 王祥伍　著	为什么企业之间如此不同，解开绩效背后的文化密码	少有的深刻，有品质，读起来很流畅
	企业文化激活沟通 宋杼宸　安　琪　著	透过新任HR总经理的眼睛，揭示出沟通与企业文化的关系	有实际指导作用的文化落地读本
	在组织中绽放自我：从专业化到职业化 朱仁健　王祥伍　著	个人如何融入组织，组织如何助力个人成长	帮助企业员工快速认同并投入到组织中去，为企业发展贡献力量
	企业文化定位·落地一本通 王明胤　著	把高深枯燥的专业理论创建成一套系统化、实操化、简单化的企业文化缔造方法	对企业文化不了解，不会做？有这一本从概念到实操，就够了
生产管理	**精益思维：中国精益如何落地** 刘承元　著	笔者二十余年企业经营和咨询管理的经验总结	中国企业需要灵活运用精益思维，推动经营要素与管理机制的有机结合，推动企业管理向前发展
	300张现场图看懂精益5S管理 乐　涛　编著	5S现场实操详解	案例图解，易懂易学
	高员工流失率下的精益生产 余伟辉　著	中国的精益生产必须面对和解决高员工流失率问题	确实来源于本土的工厂车间，很务实
	车间人员管理那些事儿 岑立聪　著	车间人员管理中处理各种“疑难杂症”的经验和方法	基层车间管理者最闹心、头疼的事，‘打包’解决

续表

生产管理	**1. 欧博心法:好管理靠修行** **2. 欧博心法:好工厂这样管** 曾　伟　著	他是本土最大的制造业管理咨询机构创始人,他从400多个项目、上万家企业实践中锤炼出的欧博心法	中小制造型企业,一定会有很强的共鸣
	欧博工厂案例1:生产计划管控对话录 **欧博工厂案例2:品质技术改善对话录** **欧博工厂案例3:员工执行力提升对话录** 曾　伟　著	最典型的问题、最详尽的解析,工厂管理9大问题27个经典案例	没想到说得这么细,超出想象,案例很典型,照搬都可以了
	工厂管理实战工具 欧博企管　编著	以传统文化为核心的管理工具	适合中国工厂
	苦中得乐:管理者的第一堂必修课 曾　伟　编著	曾伟与师傅大愿法师的对话,佛学与管理实践的碰撞,管理禅的修行之道	用佛学最高智慧看透管理
	比日本工厂更高效1:管理提升无极限 刘承元　著	指出制造型企业管理的六大积弊;颠覆流行的错误认知;掌握精益管理的精髓	每一个企业都有自己不同的问题,管理没有一剑封喉的秘笈,要从现场、现物、现实出发
	比日本工厂更高效2:超强经营力 刘承元　著	企业要获得持续盈利,就要开源和节流,即实现销售最大化,费用最小化	掌握提升工厂效率的全新方法
	比日本工厂更高效3:精益改善力的成功实践 刘承元　著	工厂全面改善系统有其独特的目的取向特征,着眼于企业经营体质(持续竞争力)的建设与提升	用持续改善力来飞速提升工厂的效率,高效率能够带来意想不到的高效益
	3A顾问精益实践1:IE与效率提升 党新民　苏迎斌　蓝旭日　著	系统的阐述了IE技术的来龙去脉以及操作方法	使员工与企业持续获利
	3A顾问精益实践2:JIT与精益改善 肖志军　党新民　著	只在需要的时候,按需要的量,生产所需的产品	提升工厂效率
	化工企业工艺安全管理实操 黄　娜　编著	化工企业工艺安全管理全指导	帮助企业树立安全意识,强化安全管理方法
	手把手教你做专业的生产经理 黄　娜　著	物流、信息流、资金流,让生产经理管理有抓手	从菜鸟到能把控全局
员工素质提升	**TTT培训师精进三部曲(上):深度改善现场培训效果** 廖信琳　著	现场把控不用慌,这里有妙招一用就灵	课程现场无论遇到什么样的情况都能游刃有余
	TTT培训师精进三部曲(中):构建最有价值的课程内容 廖信琳　著	这样做课程内容,学员有收获培训师也有收获	优质的课程内容是树立个人品牌的保证
	TTT培训师精进三部曲(下):职业功力沉淀与修为提升 廖信琳　著	从内而外提升自己,职业的道路一帆风顺	走上职业TTT内训师的康庄大道
	培训师,如何让你的事业长青:自我管理的10项法则 廖信琳　著	建立了一套完整的培训师自我管理体系,为培训师的职业成长与发展提供有益的指引	培训师如何在自己的职业道路上越走越高,事业长青,一直有所收获与成长?本书将给你答案
	管理咨询师的第一本书:百万年薪　千万身价 熊亚柱　著	从问题出发,发现问题、分析问题、解决问题,让两眼一抹黑的新人快速成长	管理咨询师初入职场,让这本书开启百万年薪之路

续表

员工素质提升	**手把手教你做专业督导：专卖店、连锁店** 熊亚柱　著	从督导的职能、作用，在工作中需要的专业技能、方法，都提供了详细的解读和训练办法，同时附有大量的表单工具	无论是店铺需要统一培训，还是个人想成为优秀的督导，有这一本就够了
	跟老板"偷师"学创业 吴江萍　余晓雷　著	边学边干，边观察边成长，你也可以当老板	不同于其他类型的创业书，让你在工作中积累创业经验，一举成功
	销售轨迹：一位快消品营销总监的拼搏之路 秦国伟　著	本书讲述了一个普通销售员打拼成为跨国企业营销总监的真实奋斗历程	激励人心，给广大销售员以力量和鼓舞
	在组织中绽放自我：从专业化到职业化 朱仁健　王祥伍　著	个人如何融入组织，组织如何助力个人成长	帮助企业员工快速认同并投入到组织中去，为企业发展贡献力量
	企业员工弟子规：用心做小事，成就大事业 贾同领　著	从传统文化《弟子规》中学习企业中为人处事的办法，从自身做起	点滴小事，修养自身，从自身的改善得到事业的提升
	手把手教你做顶尖企业内训师：TTT培训师宝典 熊亚柱　著	从课程研发到现场把控、个人提升都有涉及，易读易懂，内容丰富全面	想要做企业内训师的员工有福了，本书教你如何抓住关键，从入门到精通
	28天速成文案高手 秦　士　安　丽　著	解构优秀品牌和出彩文案背后的逻辑，28天循序渐进成为文案高手	让优质文案变成"智慧工厂"般的工序管理与稳定出品
	让投诉顾客满意离开：客户投诉应对与管理 孟广桥　著	立足于投诉处理的实践，剖析了不同投诉者投诉的特点和应对措施，并提供各种技巧方法、赢得客户信赖所需培养的品质修炼、处理投诉应掌握的法律法规等工具	是投诉处理人员适应岗位职能需要、提升工作技能的良师益友，是企业变诉为金、培养业务骨干的法宝

营销类：把客户需求融入企业各环节，提供"客户认为"有价值的东西

	书名．作者	内容/特色	读者价值
营销模式	**精品营销战略** 杜建君　著	以精品理念为核心的精益战略和营销策略	用精品思维赢得高端市场
	变局下的营销模式升级 程绍珊　叶　宁　著	客户驱动模式、技术驱动模式、资源驱动模式	很多行业的营销模式被颠覆，调整的思路有了！
	动销操盘：节奏掌控与社群时代新战法 朱志明　著	在社群时代把握好产品生产销售的节奏，解析动销的症结，寻找动销的规律与方法	都是易读易懂的干货！对动销方法的全面解析和操盘
	弱势品牌如何做营销 李政权　著	中小企业虽有品牌但没名气，营销照样能做的有声有色	没有丰富的实操经验，写不出这么具体、详实的案例和步骤，很有启发
	老板如何管营销 史贤龙　著	高段位营销16招，好学好用	老板能看，营销人也能看
	洞察人性的营销战术：沈坤教你28式 沈　坤　著	28个匪夷所思的营销怪招令人拍案叫绝，涉及商业竞争的方方面面，大部分战术可以直接应用到企业营销中	各种谋略得益于作者的横向思维方式，将其操作过的案例结合其中，提供的战术对读者有参考价值
	动销：产品是如何畅销起来的 吴江萍　余晓雷　著	真真切切告诉你，产品究竟怎么才能卖出去	击中痛点，提供方法，你值得拥有
	1000铁杆女粉丝 张兵武　著	连接是女性与生俱来的特质。能善用连接的营销人员，就像拿到打开女性荷包的钥匙	重新认识女性的传播力量
	360°谈营销：一位营销咨询师20年实战洞察 王清华　古怀亮　著	各个角度，全方位，多视点剥营销	思路单一，此书帮你破

续表

营销模式	营销按钮:扣动一触即发的力量 老　苗　著	提供各种奇形怪状的营销武器	一定会带给你不一样的思维震撼
	孙子兵法营销战 刘文新　著	逐句解读孙子兵法,以及在营销方面的感悟	帮助营销人用智慧打营销仗
销售	资深大客户经理:策略准,执行狠 叶敦明　著	从业务开发、发起攻势、关系培育、职业成长四个方面,详述了大客户营销的精髓	满满的全是干货
	大客户销售这样说这样做 陆和平　著	大客户销售十大模块68个典型销售场景应对策略和话术,直接拿来就用	从"为什么要这么干"到"干什么、怎么干"
	成为资深的销售经理:B2B、工业品 陆和平　著	围绕"销售管理的六个关键控制点"一一展开,提供销售管理的专业、高效方法	方法和技术接地气,拿来就用,从销售员成长为经理不再犯难
	销售是门专业活:B2B、工业品 陆和平　著	销售流程就应该跟着客户的采购流程和关注点的变化向前推进,将一个完整的销售过程分成十个阶段,提供具体方法	销售不是请客吃饭拉关系,是个专业的活计!方法在手,走遍天下不愁
	向高层销售:与决策者有效打交道 贺兵一　著	一套完整有效的销售策略	有工具,有方法,有案例,通俗易懂
	学话术　卖产品 张小虎　著	分析常见的顾客异议,将优秀的话术模块化	让普通导购员也能成为销售精英
组织和团队	升级你的营销组织 程绍珊　吴越舟　著	用"有机性"的营销组织替代"营销能人",营销团队变成"铁营盘"	营销队伍最难管,程老师不愧是营销第1操盘手,步骤方法都很成熟
	用数字解放营销人 黄润霖　著	通过量化帮助营销人员提高工作效率	作者很用心,很好的常备工具书
	成为优秀的快消品区域经理(升级版) 伯建新　著	用"怎么办"分析区域经理的工作关键点,增加30%全新内容,更贴近环境变化	可以作为区域经理的"速成催化器"
	成为资深的销售经理:B2B、工业品 陆和平　著	围绕"销售管理的六个关键控制点"一一展开,提供销售管理的专业、高效方法	方法和技术接地气,拿来就用,从销售员成长为经理不再犯难
	一位销售经理的工作心得 蒋　军　著	一线营销管理人员想提升业绩却无从下手时,可以看看这本书	一线的真实感悟
	快消品营销:一位销售经理的工作心得2 蒋　军　著	快消品、食品饮料营销的经验之谈,重点突出	来源于实战的精华总结
	销售轨迹:一位快消品营销总监的拼搏之路 秦国伟　著	本书讲述了一个普通销售员打拼成为跨国企业营销总监的真实奋斗历程	激励人心,给广大销售员以力量和鼓舞
	用营销计划锁定胜局:用数字解放营销人2 黄润霖　著	全方位教你怎么做好营销计划,好学好用真简单	照搬套用就行,做营销计划再也不头痛
	快消品营销人的第一本书:从入门到精通 刘　雷　伯建新　著	快消行业必读书,从入门到专业	深入细致,易学易懂
产品	产品开发管理方法·流程·工具:从作坊式到规范化 任彭枞　著	产品研发管理体系全指导	既有工具,又能开拓思路
	新产品开发管理,就用IPD(升级版) 郭富才　著	10年IPD研发管理咨询总结,国内首部IPD专业著作	一本书掌握IPD管理精髓